MANEJO DE COMPORTAMIENTOS ANORMALES EN EL LUGAR DE TRABAJO

Raul Dominguez, MIO-Psych

Manejo de Comportamientos Anormales en el Lugar de Trabajo

DEDICATORIA

Para todas las personas y organizaciones que se esfuerzan por crear un lugar de trabajo más saludable y productivo, este libro está dedicado a usted. Que sirva como un recurso valioso para gestionar el comportamiento anormal y promover un entorno de trabajo positivo.

CONTENIDO

PRÓLOGO

El comportamiento anormal en el lugar de trabajo se refiere a cualquier patrón de pensamientos, sentimientos o acciones que se desvíe de las normas de comportamiento esperadas dentro de un contexto organizacional dado. Puede tomar muchas formas diferentes, incluyendo trastornos psicológicos como la depresión y la ansiedad, trastornos de la personalidad como el narcisismo o el trastorno límite de la personalidad, la agresión y la violencia en el lugar de trabajo, la adicción al trabajo y el agotamiento, y el trauma relacionado con el trabajo y el trastorno de estrés postraumático.

El comportamiento anormal en el lugar de trabajo puede tener consecuencias negativas significativas tanto para el empleado individual como para la organización en su conjunto. Para los empleados, puede conducir a una disminución de la productividad, un deterioro del rendimiento laboral y un mayor riesgo de problemas de salud física y mental. Para las organizaciones, puede resultar en un aumento del ausentismo, mayores tasas de rotación, una reducción de la moral y problemas legales y éticos.

A pesar de la prevalencia y el impacto negativo del comportamiento anormal en el lugar de trabajo, sigue siendo un fenómeno complejo y a menudo mal entendido. Muchos factores pueden contribuir al desarrollo de un comportamiento anormal en el lugar de trabajo, incluidas las diferencias individuales, los factores estresantes ambientales y la cultura y el clima organizacionales. Como tal, abordar y prevenir el comportamiento anormal en el lugar de trabajo requiere un enfoque multifacético que incorpore intervenciones individuales, grupales y organizativas.

Este libro proporciona una visión general completa del comportamiento anormal en el lugar de trabajo, con un enfoque en la evaluación, el diagnóstico, el tratamiento y la prevención de estos problemas. Explora los diferentes tipos de comportamiento anormal que pueden ocurrir en el lugar de trabajo, los efectos de estos comportamientos en los empleados y las organizaciones, y las diversas estrategias que se pueden utilizar para abordarlos. Al comprender las causas y consecuencias del comportamiento anormal en el lugar de trabajo e implementar intervenciones efectivas, podemos crear entornos de trabajo más saludables, más productivos y más positivos para todos los empleados.

CAPÍTULO 1

INTRODUCCIÓN AL COMPORTAMIENTO ANORMAL EN EL LUGAR DE TRABAJO

El lugar de trabajo es un entorno dinámico y complejo que puede ser estresante y desafiante para muchos empleados. Si bien se espera cierto nivel de estrés y presión en la mayoría de los entornos de trabajo, cuando estos factores estresantes se vuelven excesivos o crónicos, pueden conducir al desarrollo de un comportamiento anormal en el lugar de trabajo.

El comportamiento anormal en el lugar de trabajo puede manifestarse de varias formas, incluidos los trastornos psicológicos y de personalidad, la agresión y la violencia en el lugar de trabajo, la adicción al trabajo y el agotamiento, y el trauma relacionado con el trabajo y el trastorno de estrés postraumático. Estos comportamientos pueden tener consecuencias negativas significativas tanto para el empleado individual como para la organización en su conjunto, como la reducción de la productividad, el aumento del ausentismo y cuestiones legales y éticas.

En este capítulo, exploraremos el concepto de comportamiento anormal en el lugar de trabajo, incluida su definición, prevalencia e impacto en individuos y organizaciones. También examinaremos las perspectivas históricas y teóricas que han dado forma a nuestra comprensión del comportamiento anormal en el lugar de trabajo.

Al comprender la naturaleza compleja del comportamiento anormal en el lugar de trabajo, podemos identificar y abordar mejor estos problemas y crear entornos de trabajo más saludables y productivos para todos los empleados. Ya sea que usted sea un líder organizacional, un profesional de recursos humanos o un profesional de la salud mental, este capítulo proporcionará una base valiosa para comprender y abordar el comportamiento anormal en el lugar de trabajo.

Definición de Comportamiento Anormal en el Lugar de Trabajo

Definir un comportamiento anormal en el lugar de trabajo es un proceso complejo y multifacético que requiere una comprensión integral de los factores individuales y organizativos. En esencia, el comportamiento anormal se refiere a patrones de pensamientos, sentimientos o comportamientos que se desvían de las normas de comportamiento esperadas dentro de un contexto determinado. Sin embargo, lo que constituye un comportamiento anormal puede variar ampliamente dependiendo de una serie de factores, incluidas las normas culturales, las políticas organizativas y las diferencias individuales.

En el lugar de trabajo, el comportamiento anormal puede tomar muchas formas diferentes. Por ejemplo, puede incluir trastornos psicológicos como la depresión, la ansiedad o el trastorno bipolar, que pueden afectar la capacidad de un empleado para realizar sus tareas laborales de manera efectiva. También puede incluir trastornos de la personalidad como el narcisismo o el trastorno límite de la personalidad, que pueden crear conflictos interpersonales e interrumpir la dinámica de equipo. La agresión y la violencia en el lugar de trabajo, incluidas las agresiones, el acoso y las agresiones físicas, es otra forma de comportamiento anormal que puede tener graves consecuencias negativas tanto para los empleados como para las organizaciones.

Es importante tener en cuenta que no todas las formas de comportamiento desviado en el lugar de trabajo son necesariamente anormales. Algunos comportamientos que se consideran desviados pueden ser beneficiosos para la organización o para los empleados individuales. Por ejemplo, hablar en contra de un comportamiento poco ético o ilegal, incluso si va en contra de las normas de la organización, puede ser visto como una forma positiva de comportamiento desviado. Del mismo modo, tomar la iniciativa e ir más allá de las tareas laborales puede ser visto como una forma deseable de comportamiento desviado.

A pesar de los desafíos inherentes a la definición de un comportamiento anormal en el lugar de trabajo, hay algunos factores clave que pueden ayudar a guiar nuestra comprensión. Estos incluyen la medida en que el comportamiento se desvía de las normas y expectativas de la organización, el grado en que crea consecuencias negativas para el individuo u organización, y la persistencia y frecuencia del comportamiento a lo largo del tiempo.

También es importante tener en cuenta los factores individuales al definir un comportamiento anormal en el lugar de trabajo. Por ejemplo, un empleado que está experimentando una crisis personal temporal, como un divorcio o una muerte en la familia, puede exhibir comportamientos que no son típicos para él, pero que todavía están dentro del rango del comportamiento normal. Del mismo modo, un empleado con una condición de salud mental preexistente puede requerir adaptaciones y apoyo diferentes a los de un empleado que está experimentando estrés temporal.

En general, la definición de un comportamiento anormal en el lugar de trabajo requiere una comprensión matizada de los factores individuales y organizativos. Al tomar un enfoque integral y multifacético para este tema, podemos identificar y abordar mejor el comportamiento anormal en el lugar de trabajo y crear entornos de trabajo más saludables y productivos para todos los empleados.

Prevalencia e Impacto del Comportamiento Anormal en el Lugar de Trabajo

La prevalencia y el impacto del comportamiento anormal en el lugar de trabajo es una preocupación importante para los empleados, las organizaciones y la sociedad en su conjunto. La prevalencia de un comportamiento anormal en el lugar de trabajo es difícil de medir, ya que puede tomar muchas formas diferentes y a menudo no se informa lo suficiente. Sin embargo, los estudios han demostrado que una proporción significativa de empleados informan haber experimentado agresión, acoso y discriminación en el lugar de trabajo en algún momento de sus carreras.

El impacto de un comportamiento anormal en el lugar de trabajo puede ser significativo y de largo alcance, afectando no solo a los empleados individuales, sino también al contexto organizativo y social más amplio. Algunos de los principales impactos del comportamiento anormal en el lugar de trabajo incluyen:

Disminución de la productividad: el comportamiento anormal en el lugar de trabajo puede conducir a una disminución de la productividad y a un bajo rendimiento laboral. Los empleados que están experimentando estrés, ansiedad u otros problemas de salud mental pueden tener dificultades para centrarse en su trabajo y completar las tareas de manera eficiente.

Aumento del ausentismo: el comportamiento anormal en el lugar de trabajo también puede conducir a un aumento del ausentismo, ya que los empleados pueden tomarse un tiempo libre del trabajo para lidiar con el estrés, los problemas de salud mental o las lesiones físicas resultantes de la agresión o la violencia en el lugar de trabajo.

Altas tasas de rotación: Los empleados que están experimentando un comportamiento anormal en el lugar de trabajo pueden tener más probabilidades de dejar sus trabajos, lo que lleva a altas tasas de rotación y un aumento de los costos de contratación para las organizaciones.

Cuestiones legales y éticas: La agresión, el acoso y la discriminación en el lugar de trabajo pueden conducir a problemas legales y éticos para las organizaciones, incluidas demandas, multas y daños a su reputación.

Consecuencias psicológicas y físicas para la salud: el comportamiento anormal en el lugar de trabajo puede tener consecuencias negativas significativas para la salud psicológica y física de los empleados. Los empleados que están experimentando agresión o discriminación en el lugar de trabajo pueden desarrollar ansiedad, depresión o trastorno de estrés postraumático (TEPT). Además, el estrés y el agotamiento en el lugar de trabajo pueden conducir a problemas de salud física, como enfermedades cardiovasculares, dolor crónico y trastornos musculoesqueléticos.

El impacto del comportamiento anormal en el lugar de trabajo puede extenderse más allá del empleado individual y la organización hasta el contexto social más amplio. Por ejemplo, la agresión y la discriminación en el lugar de trabajo pueden perpetuar la desigualdad y la discriminación en la sociedad de manera más amplia, mientras que las altas tasas de rotación y el ausentismo pueden conducir a costos económicos y a una menor cohesión social.

Con el fin de abordar la prevalencia y el impacto del comportamiento anormal en el lugar de trabajo, es esencial que las organizaciones tomen medidas proactivas para promover un entorno de trabajo saludable y de apoyo. Esto puede incluir la implementación de políticas y procedimientos para prevenir la agresión y el acoso en el lugar de trabajo, proporcionar programas de asistencia a los empleados y apoyo de salud mental, y promover una cultura de respeto e inclusión. Al tomar estos pasos, las organizaciones pueden crear un entorno de trabajo positivo y productivo para todos los empleados, al tiempo que contribuyen a una sociedad más equitativa y justa.

Perspectivas Históricas Sobre el Comportamiento Anormal en el Lugar de Trabajo

El comportamiento anormal en el lugar de trabajo ha sido un tema de preocupación durante siglos. Históricamente, las personas con enfermedades mentales o trastornos del comportamiento a menudo eran estigmatizadas y excluidas de la sociedad, incluido el lugar de trabajo. Sin embargo, a medida que nuestra comprensión de la salud mental y el tratamiento de las enfermedades mentales ha evolucionado, también lo ha hecho nuestro enfoque del comportamiento anormal en el lugar de trabajo.

Perspectivas tempranas

En el pasado, el comportamiento anormal a menudo se veía como el resultado de la posesión demoníaca, la brujería u otras fuerzas sobrenaturales. Esto llevó a la persecución de personas con enfermedades mentales, que a menudo eran vistas como poseídas por espíritus malignos. En algunos casos, las personas con enfermedades mentales incluso fueron sometidas a exorcismos u otras formas de tortura en un intento de curar su condición.

Durante el período de la Ilustración, la visión del comportamiento anormal comenzó a cambiar. Muchos pensadores de la Ilustración creían que la enfermedad mental era el resultado de un desequilibrio físico en el cuerpo. Esto llevó al desarrollo de tratamientos psiquiátricos tempranos, como el derramamiento de sangre, la purga y el uso de restricciones para controlar el comportamiento.

A medida que nuestra comprensión de la mente y el cuerpo humanos continuó evolucionando, también lo hizo nuestro enfoque del comportamiento anormal. A finales del siglo XIX y principios del XX, el campo de la psicología comenzó a surgir como una disciplina distinta. Los psicólogos comenzaron a estudiar el comportamiento anormal de manera científica, y se desarrollaron nuevos tratamientos, como la psicoterapia y la medicación psicotrópica.

Perspectivas modernas

Hoy en día, nuestra comprensión del comportamiento anormal en el lugar de trabajo se basa en una combinación de factores psicológicos, sociales y biológicos. Los profesionales de la salud mental ahora reconocen que la enfermedad mental es una condición compleja que puede ser causada por una variedad de factores, incluyendo la genética, los factores ambientales y las experiencias de vida.

En el lugar de trabajo, el comportamiento anormal puede tomar muchas formas, incluyendo ansiedad, depresión, abuso de sustancias y trastornos del comportamiento. Estas condiciones pueden tener un impacto significativo en el rendimiento laboral de una persona y también pueden afectar a la productividad general del lugar de trabajo.

Muchos empleadores ahora reconocen la importancia de abordar los problemas de salud mental en el lugar de trabajo. Algunas empresas han implementado programas de salud mental para ayudar a los empleados a hacer frente al estrés, la ansiedad y otros problemas de salud mental. Estos programas pueden incluir servicios de asesoramiento, programas de asistencia a los empleados e iniciativas de bienestar.

Además, hay una serie de leyes y regulaciones que protegen a las personas con enfermedades mentales de la discriminación en el lugar de trabajo. La Ley de Estadounidenses con Discapacidades (ADA), por ejemplo, prohíbe a los empleadores discriminar a las personas con enfermedades mentales y requiere que los empleadores proporcionen adaptaciones razonables a los empleados con discapacidades.

El comportamiento anormal en el lugar de trabajo ha sido una preocupación durante siglos, pero nuestra comprensión de las enfermedades mentales y el tratamiento de los problemas de salud mental ha evolucionado significativamente con el tiempo. Hoy en día, hay una variedad de recursos disponibles para ayudar a los empleadores a abordar los problemas de salud mental en el lugar de trabajo, incluidos los servicios de asesoramiento, los programas de asistencia a los empleados y las iniciativas de bienestar. Además, existen leyes y reglamentos para proteger a las personas con enfermedades mentales de la discriminación en el lugar de trabajo. A medida que continuamos aprendiendo más sobre la salud mental y las enfermedades mentales, es importante que permanezcamos vigilantes en nuestros esfuerzos por apoyar a las personas con problemas de salud mental en el lugar de trabajo. Es importante tener en cuenta que, si bien se ha avanzado en el tratamiento de los problemas de salud mental en el lugar de trabajo, todavía queda un largo camino por recorrer. Muchas personas con enfermedades mentales todavía se enfrentan a la estigmatización y la discriminación, y el acceso a los servicios de salud mental puede ser limitado para algunos. Además, la pandemia de COVID-19 ha sacado a la luz nuevos desafíos para abordar la salud mental en el lugar de trabajo. La pandemia ha causado niveles sin precedentes de estrés, ansiedad y depresión, y ha llevado a un aumento en el abuso de sustancias y los trastornos del comportamiento. Los empleadores ahora deben considerar nuevas formas de apoyar la salud mental de sus empleados a raíz de esta crisis.

En general, las perspectivas históricas sobre el comportamiento anormal en el lugar de trabajo han evolucionado significativamente a lo largo del tiempo. Si bien las primeras creencias sobre la enfermedad mental se basaban en la superstición y el miedo, nuestra comprensión actual de la salud mental se basa en la investigación científica y el reconocimiento de la compleja interacción entre la genética, el medio ambiente y las experiencias de vida. A medida que continuamos aprendiendo más sobre la salud mental, es importante que sigamos comprometidos a abordar los problemas de salud mental en el lugar de trabajo y apoyar a las personas con enfermedades mentales.

Perspectivas Teóricas Sobre el Comportamiento Anormal en el Lugar de Trabajo

Las perspectivas teóricas sobre el comportamiento anormal en el lugar de trabajo proporcionan un marco para comprender las causas subyacentes de las enfermedades mentales y los trastornos del comportamiento. Estas perspectivas se basan en una variedad de teorías, incluidas las teorías biológicas, psicológicas y socioculturales, para explicar el desarrollo y la manifestación de un comportamiento anormal en el lugar de trabajo.

Perspectiva biológica

La perspectiva biológica sugiere que el comportamiento anormal es causado por factores biológicos, como la genética, la química cerebral y las hormonas. Esta perspectiva enfatiza el papel de los neurotransmisores, como la serotonina y la dopamina, en la regulación del estado de ánimo y el comportamiento.

En el lugar de trabajo, las personas con enfermedades mentales pueden mostrar un comportamiento anormal debido a desequilibrios en estos neurotransmisores u otros factores biológicos. Por ejemplo, una persona con depresión puede tener niveles más bajos de serotonina, lo que puede provocar sentimientos de tristeza, desesperanza y apatía.

Perspectiva psicológica

La perspectiva psicológica enfatiza el papel de los factores psicológicos, como las experiencias de la vida temprana, los rasgos de personalidad y los mecanismos de afrontamiento, en el desarrollo de un comportamiento anormal. Esta perspectiva sugiere que el comportamiento anormal es el resultado de patrones de pensamiento y comportamiento inadaptados que se desarrollan con el tiempo.

En el lugar de trabajo, los factores psicológicos pueden contribuir al desarrollo de un comportamiento anormal. Por ejemplo, una persona con antecedentes de trauma puede experimentar síntomas de trastorno de estrés postraumático (TEPT) en respuesta a factores estresantes en el lugar de trabajo. Del mismo modo, una persona con una personalidad perfeccionista puede experimentar altos niveles de ansiedad y estrés en respuesta a las demandas del trabajo.

Perspectiva sociocultural

La perspectiva sociocultural enfatiza el papel de los factores sociales y culturales, como la dinámica familiar, las normas sociales y las creencias culturales, en el desarrollo de un comportamiento anormal. Esta perspectiva sugiere que el comportamiento anormal es el resultado de factores sociales y culturales que dan forma a las experiencias y comportamientos de un individuo.

En el lugar de trabajo, los factores socioculturales pueden desempeñar un papel importante en el desarrollo de comportamientos anormales. Por ejemplo, una persona de una cultura que enfatiza el estoicismo y la moderación emocional puede tener menos probabilidades de buscar ayuda para problemas de salud mental o puede experimentar vergüenza y estigma asociados con la búsqueda de ayuda.

Perspectiva integradora

La perspectiva integradora se basa en todas estas teorías para proporcionar una comprensión integral del comportamiento anormal en el lugar de trabajo. Esta perspectiva sugiere que el comportamiento anormal es el resultado de interacciones complejas entre factores biológicos, psicológicos y socioculturales.

En el lugar de trabajo, la perspectiva integradora sugiere que es necesario un enfoque holístico para abordar los problemas de salud mental. Esto puede incluir intervenciones que se dirijan a factores biológicos, como medicamentos u otras formas de tratamiento médico, así como factores psicológicos y socioculturales, como asesoramiento o adaptaciones en el lugar de trabajo.

Las perspectivas teóricas sobre el comportamiento anormal en el lugar de trabajo proporcionan un marco útil para comprender las causas subyacentes de las enfermedades mentales y los trastornos del comportamiento. Al basarse en una variedad de teorías, incluidas las teorías biológicas, psicológicas y socioculturales, estas perspectivas pueden ayudar a las personas y organizaciones a comprender y abordar mejor las preocupaciones de salud mental en el lugar de trabajo.
Es importante tener en cuenta que ninguna perspectiva puede explicar completamente la compleja interacción de factores que contribuyen a un comportamiento anormal en el lugar de trabajo. Sin embargo, al adoptar una perspectiva integradora, las personas y las organizaciones pueden desarrollar estrategias integrales para apoyar a los empleados con problemas de salud mental y promover un lugar de trabajo más saludable y productivo.

Además de las perspectivas teóricas discutidas anteriormente, hay otras consideraciones importantes al examinar el comportamiento anormal en el lugar de trabajo. Una de esas consideraciones es el impacto del estrés relacionado con el trabajo en la salud mental.

El estrés relacionado con el trabajo se ha relacionado con una serie de problemas de salud mental, como la ansiedad, la depresión y el agotamiento. Los factores que contribuyen al estrés relacionado con el trabajo pueden incluir altas cargas de trabajo, largas horas de trabajo, autonomía limitada y malas condiciones de trabajo. Abordar el estrés relacionado con el trabajo puede ser un paso importante para promover la salud mental y prevenir comportamientos anormales en el lugar de trabajo.

Otra consideración importante es el impacto del estigma en las personas con enfermedades mentales. A pesar de los avances en la reducción del estigma que rodea a las enfermedades mentales, las personas con enfermedades mentales aún pueden enfrentarse a actitudes negativas y discriminación en el lugar de trabajo. Esto puede conducir a sentimientos de aislamiento y puede disuadir a las personas de buscar ayuda para problemas de salud mental.

Las organizaciones pueden desempeñar un papel importante en la reducción del estigma y la promoción de la salud mental. Esto puede incluir proporcionar recursos y apoyo de salud mental, promover la conciencia y la educación en torno a la salud mental y crear una cultura que priorice el bienestar de los empleados.

Por último, es importante considerar el impacto del comportamiento anormal en el lugar de trabajo en los resultados de la organización, como la productividad y la rotación de los empleados. Las investigaciones han demostrado que los problemas de salud mental no tratados pueden conducir a una disminución de la productividad, un aumento del ausentismo y mayores tasas de rotación. Al abordar los problemas de salud mental en el lugar de trabajo, las organizaciones pueden promover un entorno de trabajo más saludable y productivo.

In conclusion, theoretical perspectives on abnormal behavior in the workplace provide important insights into the underlying causes of mental illness and behavioral disorders. By adopting an integrative perspective and considering factors such as work-related stress and stigma, organizations can develop comprehensive strategies to support employees with mental health issues and promote a healthier, more productive workplace.

CAPÍTULO 2

TIPOS DE COMPORTAMIENTO ANORMAL EN EL LUGAR DE TRABAJO

El comportamiento anormal en el lugar de trabajo puede tomar muchas formas, que van desde cambios sutiles en el comportamiento hasta comportamientos más severos y perturbadores que pueden afectar la seguridad y el bienestar de los empleados. Comprender los diferentes tipos de comportamiento anormal en el lugar de trabajo puede ayudar a las organizaciones a identificar y abordar los problemas de salud mental entre los empleados.

Ansiedad y depresión

La ansiedad y la depresión son dos de los problemas de salud mental más comunes que afectan a las personas en el lugar de trabajo. Estas condiciones pueden manifestarse como cambios en el comportamiento, como un aumento de la irritabilidad, una disminución de la motivación y una reducción de la productividad.

En casos graves, la ansiedad y la depresión pueden conducir a comportamientos más perturbadores, como ausencias frecuentes, conflictos con compañeros de trabajo y dificultad para completar las tareas. Identificar y abordar la ansiedad y la depresión a tiempo puede ayudar a evitar que estos comportamientos aumenten y potencialmente causen daño al individuo y a otros en el lugar de trabajo.

Abuso de sustancias

El abuso de sustancias es otro tipo de comportamiento anormal que puede tener graves consecuencias en el lugar de trabajo. El abuso de sustancias puede manifestarse como cambios en el comportamiento, como un aumento del absentismo, una disminución de la productividad y cambios de humor.

En algunos casos, las personas con problemas de abuso de sustancias pueden exhibir comportamientos más severos y disruptivos, como deterioro del juicio, accidentes y conflictos con compañeros de trabajo. Identificar y abordar los problemas de abuso de sustancias desde el principio puede ayudar a evitar que estos comportamientos causen daño al individuo y a otros en el lugar de trabajo.

Agresión y violencia

La agresión y la violencia en el lugar de trabajo pueden tomar muchas formas, que van desde la agresión verbal, como gritar o insultar a los compañeros de trabajo, hasta la violencia física, como las agresiones físicas o los actos de sabotaje.

Estos comportamientos pueden ser desencadenados por una serie de factores, incluyendo el estrés en el lugar de trabajo, los conflictos con los compañeros de trabajo y los problemas de salud mental subyacentes. Es importante que las organizaciones tengan políticas y procedimientos establecidos para abordar la agresión y la violencia en el lugar de trabajo y para proporcionar apoyo a los empleados que pueden estar en riesgo de exhibir estos comportamientos.

Trastornos alimentarios

Los trastornos alimentarios, como la anorexia y la bulimia, son otro tipo de comportamiento anormal que puede afectar a las personas en el lugar de trabajo. Estas condiciones pueden manifestarse como cambios en el comportamiento, como la preocupación por la comida y el peso, y pueden conducir a una disminución de la productividad, un aumento del absentismo y conflictos con los compañeros de trabajo.

Identificar y abordar los trastornos alimenticios a tiempo puede ayudar a evitar que estos comportamientos causen daño al individuo y a otros en el lugar de trabajo.

Trastorno obsesivo-compulsivo (TOC)

El trastorno obsesivo-compulsivo (TOC) es un tipo de trastorno de ansiedad que puede manifestarse como comportamientos repetitivos, como el lavado excesivo de las manos o el conteo. Estos comportamientos pueden afectar la capacidad de un individuo para realizar tareas laborales y pueden conducir a un aumento del estrés, una disminución de la productividad y conflictos con los compañeros de trabajo.

Identificar y abordar el TOC temprano puede ayudar a evitar que estos comportamientos causen daño al individuo y a otros en el lugar de trabajo.

Trastornos de la personalidad

Los trastornos de la personalidad, como el trastorno límite de la personalidad y el trastorno narcisista de la personalidad, pueden afectar la capacidad de un individuo para funcionar en el lugar de trabajo. Estas condiciones pueden manifestarse como cambios en el comportamiento, como dificultad para trabajar en equipos, conflictos con los compañeros de trabajo y dificultad para seguir las políticas y procedimientos en el lugar de trabajo.

Identificar y abordar los trastornos de la personalidad a tiempo puede ayudar a evitar que estos comportamientos causen daño a la persona y a otros en el lugar de trabajo.

En conclusión, comprender los diferentes tipos de comportamiento anormal en el lugar de trabajo es un paso importante para identificar y abordar los problemas de salud mental entre los empleados. Al reconocer los signos y síntomas de estas afecciones, las organizaciones pueden desarrollar estrategias para apoyar a los empleados y promover un entorno de trabajo más saludable y productivo.

La ansiedad y la depresión son dos de los problemas de salud mental más comunes que afectan a las personas en el lugar de trabajo. Estas condiciones pueden manifestarse como cambios en el comportamiento, como un aumento de la irritabilidad, una disminución de la motivación y una reducción de la productividad. En casos graves, la ansiedad y la depresión pueden conducir a comportamientos más perturbadores, como ausencias frecuentes, conflictos con compañeros de trabajo y dificultad para completar las tareas.

La ansiedad es una respuesta normal al estrés, pero cuando se vuelve excesiva o persistente, puede interferir con la capacidad de un individuo para funcionar en el lugar de trabajo. Los síntomas de ansiedad pueden incluir preocupación excesiva, inquietud, dificultad para concentrarse y síntomas físicos como latidos cardíacos rápidos y sudoración.

La depresión es un trastorno del estado de ánimo que puede tener un impacto significativo en la capacidad de un individuo para funcionar en el lugar de trabajo. Los síntomas de depresión pueden incluir tristeza persistente, pérdida de interés en las actividades, dificultad para dormir, fatiga y cambios en el apetito.

Tanto la ansiedad como la depresión pueden ser causadas por una serie de factores, incluyendo la genética, los factores ambientales y los eventos de la vida, como la pérdida del trabajo o los problemas de relación. En el lugar de trabajo, factores como la alta carga de trabajo, la autonomía limitada y las malas condiciones de trabajo también pueden contribuir a la ansiedad y la depresión.

Las organizaciones pueden desempeñar un papel importante en la promoción de la salud mental y en el apoyo a los empleados con ansiedad y depresión. Esto puede incluir proporcionar acceso a recursos de salud mental, como asesoramiento o terapia, promover una cultura que priorice el bienestar de los empleados y implementar políticas y procedimientos para abordar el estrés en el lugar de trabajo.

También es importante que las organizaciones reconozcan los signos y síntomas de la ansiedad y la depresión y proporcionen apoyo a los empleados que pueden estar luchando con estas afecciones. Esto puede incluir arreglos de trabajo flexibles, como teletrabajo o horas de trabajo reducidas, así como adaptaciones para problemas de salud mental, como tiempo libre para citas de terapia.

Abordar la ansiedad y la depresión en el lugar de trabajo puede tener beneficios significativos tanto para los empleados como para las organizaciones. Al promover la salud mental y el bienestar, las organizaciones pueden crear un entorno de trabajo más saludable y productivo y reducir el impacto negativo de estas condiciones en las personas y en el lugar de trabajo en su conjunto.

En conclusión, la ansiedad y la depresión son problemas comunes de salud mental que afectan a las personas en el lugar de trabajo. Al reconocer los signos y síntomas de estas afecciones y proporcionar apoyo y recursos a los empleados, las organizaciones pueden promover la salud mental y crear un entorno de trabajo más productivo y positivo.

Trastornos Psicológicos

Los trastornos psicológicos, como la depresión, la ansiedad, el trastorno bipolar, el abuso de sustancias y otros problemas de salud mental, pueden tener un impacto significativo en la vida de un individuo, incluido su rendimiento laboral y sus relaciones interpersonales. Estos trastornos pueden variar de leves a graves y pueden requerir un tratamiento profesional para su manejo.

La depresión es un trastorno del estado de ánimo caracterizado por sentimientos de tristeza, desesperanza y falta de interés en actividades que alguna vez fueron agradables. Los síntomas pueden incluir cambios en el apetito y los patrones de sueño, fatiga, dificultad para concentrarse y pensamientos de suicidio. La depresión puede interferir con la capacidad de un individuo para funcionar en el lugar de trabajo, lo que lleva a una disminución de la productividad, un aumento del absentismo y conflictos con los compañeros de trabajo.

La depresión es una condición de salud mental común que puede tener un impacto significativo en la vida de un individuo, incluido su rendimiento y productividad en el trabajo. La depresión se caracteriza por sentimientos persistentes de tristeza, desesperanza y falta de interés en actividades que alguna vez fueron agradables. Otros síntomas pueden incluir cambios en el apetito y los patrones de sueño, fatiga, dificultad para concentrarse y pensamientos de suicidio.

La depresión en el lugar de trabajo puede conducir a una disminución de la productividad, un aumento del ausentismo, conflictos con los compañeros de trabajo y dificultades para completar las tareas. Las personas con depresión pueden tener dificultades para concentrarse y concentrarse, lo que lleva a errores y errores en su trabajo. También pueden tener dificultades para cumplir con los plazos y completar las tareas a tiempo.

La depresión también puede afectar a las relaciones interpersonales en el lugar de trabajo. Las personas con depresión pueden retirarse de sus compañeros de trabajo y evitar las interacciones sociales, lo que lleva a sentimientos de aislamiento y soledad. Esto puede exacerbar aún más sus síntomas y dificultar el manejo de su condición.

Es importante que las organizaciones reconozcan los signos y síntomas de la depresión en el lugar de trabajo y proporcionen apoyo y recursos a los empleados afectados. Esto puede incluir el acceso a recursos de salud mental, como asesoramiento o terapia, adaptaciones para problemas de salud mental, como arreglos de trabajo flexibles o tiempo libre para citas de terapia, y una cultura que promueva el bienestar y la salud mental de los empleados.

Los empleadores también pueden tomar medidas para crear un entorno de trabajo inclusivo y de apoyo que promueva la salud mental y el bienestar. Esto puede incluir ofrecer programas de asistencia a los empleados, proporcionar educación y capacitación sobre salud mental y promover la comunicación abierta y el apoyo a los empleados con afecciones de salud mental.

Además, las personas con depresión pueden tomar medidas para controlar su condición en el lugar de trabajo. Esto puede incluir buscar tratamiento profesional, como terapia o medicación, practicar técnicas de autocuidado y manejo del estrés, y comunicarse con su empleador sobre su condición y cualquier adaptación que puedan necesitar.

En conclusión, la depresión en el lugar de trabajo puede tener un impacto significativo en la vida y el rendimiento laboral de una persona. Es importante que las organizaciones reconozcan los signos y síntomas de la depresión y proporcionen apoyo y recursos a los empleados afectados. Al promover una cultura de salud mental y bienestar, las organizaciones pueden crear un entorno de trabajo más saludable y productivo para todos los empleados.

La ansiedad es un trastorno caracterizado por una preocupación y un miedo excesivos y persistentes, que a menudo conducen a evitar ciertas situaciones o actividades. Los síntomas pueden incluir síntomas físicos como latidos cardíacos rápidos y sudoración, así como sentimientos de tensión e inquietud. La ansiedad puede interferir con la capacidad de un individuo para funcionar en el lugar de trabajo, lo que lleva a una disminución de la productividad, un aumento del ausentismo y dificultad para completar las tareas.

La ansiedad es una condición de salud mental común que puede afectar el rendimiento laboral y la productividad de una persona. La ansiedad se caracteriza por una preocupación, miedo y nerviosismo excesivos y persistentes sobre situaciones cotidianas o eventos específicos. Otros síntomas pueden incluir inquietud, irritabilidad, tensión muscular y dificultad para concentrarse.

La ansiedad en el lugar de trabajo puede conducir a una disminución de la productividad, un aumento del absentismo y conflictos con los compañeros de trabajo. Las personas con ansiedad pueden tener dificultades para concentrarse y concentrarse, lo que lleva a errores y errores en su trabajo. También pueden tener dificultades para cumplir con los plazos y completar las tareas a tiempo debido a la dilación o el perfeccionismo.

La ansiedad también puede afectar a las relaciones interpersonales en el lugar de trabajo. Las personas con ansiedad pueden evitar las interacciones sociales y pueden tener problemas con la comunicación, lo que lleva a malentendidos y conflictos con sus compañeros de trabajo. Esto puede exacerbar aún más sus síntomas y dificultar el manejo de su condición.

Los empleadores pueden tomar medidas para crear un entorno de trabajo de apoyo que promueva la salud mental y el bienestar. Esto puede incluir ofrecer programas de asistencia a los empleados, proporcionar educación y capacitación sobre salud mental, y promover la comunicación abierta y el apoyo para los empleados con ansiedad.

Las personas con ansiedad también pueden tomar medidas para controlar su condición en el lugar de trabajo. Esto puede incluir buscar tratamiento profesional, como terapia o medicación, practicar técnicas de relajación y manejo del estrés, y establecer objetivos y expectativas realistas para sí mismos.

Además, hay ciertas adaptaciones que los empleadores pueden hacer para los empleados con ansiedad. Por ejemplo, los arreglos de trabajo flexibles, como trabajar desde casa o tener un horario flexible, pueden ayudar a las personas a controlar sus síntomas y reducir su ansiedad. Los empleadores también pueden considerar reducir la carga de trabajo o proporcionar apoyo adicional para ayudar a las personas con ansiedad a gestionar sus tareas laborales.

Es importante que las organizaciones reconozcan los signos y síntomas de la ansiedad en el lugar de trabajo y proporcionen apoyo y recursos a los empleados afectados. Al promover una cultura de salud mental y bienestar, las organizaciones pueden crear un entorno de trabajo más saludable y productivo para todos los empleados.

El trastorno bipolar es un trastorno del estado de ánimo que se caracteriza por cambios extremos en los niveles de estado de ánimo, energía y actividad. Los síntomas pueden incluir períodos de alta energía y euforia (manía), así como períodos de depresión. El trastorno bipolar puede interferir con la capacidad de un individuo para funcionar en el lugar de trabajo, lo que lleva a dificultades para completar tareas y conflictos con los compañeros de trabajo.

El trastorno bipolar, también conocido como enfermedad maníaco-depresiva, es una condición de salud mental caracterizada por cambios de humor extremos que van desde altos (manía) hasta bajos (depresión). Las personas con trastorno bipolar pueden experimentar períodos de energía intensa, emoción y euforia, seguidos de períodos de tristeza, desesperanza y falta de interés en las actividades. Estos cambios de humor pueden tener un impacto significativo en el rendimiento laboral y la productividad de una persona.

El trastorno bipolar en el lugar de trabajo puede conducir a una disminución de la productividad, un aumento del ausentismo, conflictos con los compañeros de trabajo y dificultad para completar las tareas. Las personas con trastorno bipolar pueden experimentar dificultades para concentrarse y concentrarse durante los períodos de manía o depresión, lo que lleva a errores y errores en su trabajo. También pueden tener dificultades para cumplir con los plazos y completar las tareas a tiempo, especialmente durante los períodos de depresión.

El trastorno bipolar también puede afectar a las relaciones interpersonales en el lugar de trabajo. Las personas con trastorno bipolar pueden experimentar un aumento de la irritabilidad, la impulsividad y la desregulación emocional durante los períodos de manía, lo que lleva a conflictos con sus compañeros de trabajo. También pueden experimentar sentimientos de aislamiento y soledad durante los períodos de depresión, exacerbando aún más sus síntomas.

Los empleadores pueden tomar medidas para crear un entorno de trabajo de apoyo que promueva la salud mental y el bienestar de los empleados con trastorno bipolar. Esto puede incluir ofrecer programas de asistencia a los empleados, proporcionar educación y capacitación sobre salud mental, y promover la comunicación abierta y el apoyo para los empleados con trastorno bipolar.

Las personas con trastorno bipolar también pueden tomar medidas para controlar su condición en el lugar de trabajo. Esto puede incluir buscar tratamiento profesional, como terapia o medicación, practicar técnicas de autocuidado y manejo del estrés, y comunicarse con su empleador sobre su condición y cualquier adaptación que puedan necesitar.

Además, hay ciertas adaptaciones que los empleadores pueden hacer para los empleados con trastorno bipolar. Por ejemplo, los arreglos de trabajo flexibles, como una carga de trabajo reducida o un horario flexible, pueden ayudar a las personas a controlar sus síntomas y reducir sus niveles de estrés. Los empleadores también pueden considerar proporcionar un espacio de trabajo más tranquilo o más privado para las personas con trastorno bipolar que pueden experimentar sobrecarga sensorial durante los períodos de manía.

Es importante que las organizaciones reconozcan los signos y síntomas del trastorno bipolar en el lugar de trabajo y proporcionen apoyo y recursos a los empleados afectados. Al promover una cultura de salud mental y bienestar, las organizaciones pueden crear un entorno de trabajo más saludable y productivo para todos los empleados.

El abuso de sustancias implica el consumo de drogas o alcohol de una manera que tiene un impacto negativo en la vida de una persona, incluido su rendimiento laboral y sus relaciones interpersonales. El abuso de sustancias puede conducir a una disminución de la productividad, ausentismo y accidentes o incidentes en el trabajo.

El abuso de sustancias en el lugar de trabajo es un problema grave que puede tener consecuencias de largo alcance tanto para las personas como para las organizaciones. Se refiere al mal uso del alcohol o las drogas por parte de los empleados, que puede afectar negativamente a su rendimiento y productividad en el trabajo, así como a su salud física y mental.

El abuso de sustancias puede tomar muchas formas diferentes, que van desde el uso ocasional hasta la adicción. Puede ser causado por una variedad de factores, como el estrés, la ansiedad, la depresión, la presión social y el fácil acceso a las drogas o al alcohol. Si bien el abuso de sustancias puede afectar a cualquier persona,...

Trastornos de la Personalidad

Los trastornos de la personalidad son un grupo de afecciones de salud mental caracterizadas por patrones duraderos de pensamiento, sentimiento y comportamiento que se desvían significativamente de las normas culturales y sociales. Estos trastornos suelen surgir durante la adolescencia o la edad adulta temprana y pueden causar angustia y deterioro significativos en las áreas sociales, ocupacionales y otras áreas de funcionamiento.

Hay varios tipos de trastornos de la personalidad, incluido el trastorno de la personalidad narcisista, el trastorno límite de la personalidad, el trastorno histriónico de la personalidad, el trastorno de la personalidad antisocial y el trastorno obsesivo-compulsivo de la personalidad, entre otros. En este texto, nos centraremos en los trastornos narcisistas y de personalidad limítrofes.

El trastorno de personalidad narcisista (TPN) es un trastorno que se caracteriza por un sentido inflado de autoimportancia, una necesidad de admiración y atención, y una falta de empatía por los demás. Las personas con TPN pueden estar preocupadas por fantasías de éxito, poder o belleza ilimitados, y a menudo creen que son especiales y únicas. También pueden explotar a los demás, creyendo que tienen derecho a un trato y privilegios especiales. Las personas con TPN a menudo tienen una autoestima frágil, lo que puede conducir a reacciones intensas a las críticas o a las desaires percibidos.

El trastorno de personalidad narcisista (TPN) es una condición de salud mental que se caracteriza por un sentido inflado de autoimportancia, una necesidad de admiración y una falta de empatía por los demás. Las personas con TPN a menudo tienen una preocupación excesiva por sus propias habilidades, logros y éxito, y pueden creer que son superiores a los demás. Estas personas también pueden exhibir un comportamiento arrogante o con derecho, y pueden explotar a los demás para lograr sus objetivos.

El TPN puede tener un impacto significativo en el lugar de trabajo, ya que las personas con este trastorno pueden exhibir comportamientos problemáticos que pueden interrumpir las relaciones laborales y conducir a una disminución de la productividad. Por ejemplo, las personas con TPN pueden tener dificultades para trabajar en colaboración con otros y pueden resistirse a la retroalimentación o las críticas. También pueden ser muy críticos con sus colegas y pueden participar en comportamientos manipuladores para obtener poder o control.

Una de las principales características de la TPN es la falta de empatía por los demás. Las personas con TPN pueden tener dificultades para comprender o responder a las necesidades de los demás, y pueden despreciarse de las preocupaciones o sentimientos de los demás. Esto puede conducir a conflictos interpersonales en el lugar de trabajo, ya que los colegas pueden sentirse infravalorados o ignorados por la persona con TPN.

Otro rasgo común de las personas con TPN es un sentido exagerado de autoimportancia. Estas personas pueden sentirse con derecho a un trato o privilegios especiales, y pueden creer que sus habilidades o habilidades son muy superiores a las de sus colegas. Esto puede llevar a sentimientos de resentimiento o celos entre los colegas y puede crear un ambiente de trabajo negativo.

Las personas con TPN también pueden tener problemas con la regulación emocional, lo que puede provocar arrebatos de ira o frustración en el lugar de trabajo. También pueden ser muy reactivos a las críticas o a las desaires percibidas, y pueden atacar a colegas que creen que están amenazando su sentido de autoestima.

Si bien no hay una cura conocida para el TPN, la psicoterapia puede ser eficaz en el tratamiento del trastorno. La terapia puede ayudar a las personas con TPN a desarrollar mejores habilidades de afrontamiento y regulación emocional, así como a mejorar su capacidad para comunicarse y trabajar en colaboración con los demás.

En el lugar de trabajo, es importante que los empleadores sean conscientes del impacto potencial del TPN y tomen medidas para abordar los comportamientos problemáticos. Esto puede implicar proporcionar capacitación sobre comunicación efectiva y resolución de conflictos, establecer expectativas y directrices claras para el comportamiento, y ofrecer apoyo a los empleados que tienen dificultades para trabajar con un colega con TPN.

En conclusión, el trastorno de personalidad narcisista (TPN) puede tener un impacto significativo en el lugar de trabajo, ya que las personas con este trastorno pueden exhibir comportamientos problemáticos que pueden interrumpir las relaciones laborales y conducir a una disminución de la productividad. El TPN se caracteriza por un sentido inflado de autoimportancia, una falta de empatía y una tendencia a participar en un comportamiento manipulador o con derecho. Si bien no hay una cura conocida para el TPN, la psicoterapia puede ser eficaz en el tratamiento del trastorno. En el lugar de trabajo, es importante que los empleadores sean conscientes del impacto potencial del TPN y tomen medidas para abordar los comportamientos problemáticos.

El trastorno límite de la personalidad (TLP) es un trastorno caracterizado por estados de ánimo, comportamientos y relaciones inestables. Las personas con displasia broncopulmonar pueden tener un miedo crónico al abandono, lo que puede llevar a relaciones intensas e inestables con los demás. También pueden experimentar cambios de humor extremos, incluyendo sentimientos de vacío, ira o ansiedad, y participar en comportamientos impulsivos y autodestructivos como el abuso de sustancias, el atracón o la conducción imprudente. Las personas con displasia broncopulmonar a menudo luchan con un sentido de identidad, lo que puede conducir a sentimientos de vacío y falta de dirección.

El trastorno límite de la personalidad (TLP) es una condición de salud mental que se caracteriza por emociones intensas e inestables, comportamiento impulsivo y relaciones inestables. Las personas con displasia broncopulmonar pueden tener dificultades para regular sus emociones y pueden experimentar intensos cambios de humor, que van desde la ira y la irritabilidad hasta la tristeza y la ansiedad. También pueden participar en comportamientos impulsivos, como el abuso de sustancias, la conducción imprudente o el comportamiento sexual de riesgo.

La displasia broncopulmonar puede tener un impacto significativo en el lugar de trabajo, ya que las personas con este trastorno pueden tener dificultades para manejar sus emociones en un entorno profesional. Pueden ser propensos a arrebatos de ira o frustración, y pueden tener dificultades para mantener relaciones interpersonales con sus colegas. También pueden tener problemas con la gestión del tiempo y pueden tener dificultades para cumplir con los plazos o completar las tareas.

Una de las principales características de la displasia broncopulmonar es el miedo al abandono. Las personas con displasia broncopulmonar pueden apegarse mucho a sus colegas o supervisores, y pueden sentirse extremadamente molestas si perciben un rechazo o abandono por su parte. Esto puede llevar a un comportamiento pegajoso o dependiente, lo que puede dificultar que los colegas establezcan límites profesionales saludables.

Las personas con displasia broncopulmonar también pueden tener problemas con las relaciones interpersonales, incluidas las relaciones con colegas. Pueden ser propensos a conflictos o malentendidos, y pueden tener dificultades para trabajar en colaboración con otros. Esto puede conducir a tensiones e interrupciones en el lugar de trabajo, lo que puede afectar la productividad y la moral.

A pesar de estos desafíos, las personas con displasia broncopulmonar pueden estar altamente motivadas e impulsadas en su trabajo. Pueden ser apasionados por su trabajo y pueden ser muy creativos e innovadores. Sin embargo, es importante que los empleadores reconozcan los desafíos asociados con la displasia broncopulmonar y tomen medidas para apoyar a los empleados con este trastorno.

La psicoterapia es el tratamiento principal para la displasia broncopulmonar, y puede ser eficaz para ayudar a las personas a desarrollar mejores habilidades de afrontamiento y regulación emocional. En el lugar de trabajo, los empleadores pueden proporcionar adaptaciones y apoyo a los empleados con BPD, como horarios de trabajo flexibles o tiempo libre adicional para asistir a las citas de terapia. También pueden proporcionar capacitación sobre comunicación efectiva y resolución de conflictos para ayudar a los empleados con BPD a establecer relaciones saludables con sus colegas.

En conclusión, el trastorno límite de la personalidad (TLP) puede tener un impacto significativo en el lugar de trabajo, ya que las personas con este trastorno pueden tener dificultades para manejar sus emociones y mantener relaciones interpersonales con sus colegas. Pueden ser propensos a conflictos y malentendidos, y pueden tener dificultades para cumplir con los plazos o completar las tareas. A pesar de estos desafíos, las personas con displasia broncopulmonar pueden estar altamente motivadas e impulsadas en su trabajo. Los empleadores pueden apoyar a los empleados con TLP proporcionando adaptaciones y apoyo, como horarios de trabajo flexibles y capacitación sobre comunicación efectiva y resolución de conflictos. La psicoterapia es el tratamiento principal para el displasia broncopulmonar, y puede ser eficaz para ayudar a las personas con este trastorno a desarrollar mejores habilidades de afrontamiento y regulación emocional.

Si bien las causas de los trastornos de la personalidad no se entienden completamente, se cree que están influenciadas por una combinación de factores genéticos, biológicos y ambientales. Las experiencias de la primera infancia, como el abandono o el abuso, también pueden desempeñar un papel en el desarrollo de estos trastornos.

Los trastornos de la personalidad pueden tener un impacto significativo en las personas, así como en sus relaciones, trabajo y vida diaria. Las personas con estos trastornos pueden luchar con la regulación emocional, la impulsividad y los conflictos interpersonales, lo que puede llevar al aislamiento social y a dificultades con el trabajo o la escuela.

El tratamiento de los trastornos de la personalidad suele incluir psicoterapia, como la terapia cognitivo-conductual (TCC), la terapia conductual dialéctica (TD) o la terapia psicodinámica. Estas terapias pueden ayudar a las personas a aprender habilidades de afrontamiento, regulación emocional y habilidades de comunicación, y pueden mejorar sus relaciones y su funcionamiento general.

En conclusión, los trastornos de la personalidad, como los trastornos narcisistas y de personalidad limítrofes, pueden tener un impacto significativo en las personas y sus relaciones, trabajo y vida diaria. Estos trastornos suelen surgir durante la adolescencia o la edad adulta temprana y se caracterizan por patrones duraderos de pensamiento, sentimiento y comportamiento que se desvían significativamente de las normas culturales y sociales. Si bien las causas de estos trastornos no se entienden completamente, se cree que las experiencias de la primera infancia, los factores genéticos, biológicos y ambientales juegan un papel. El tratamiento de los trastornos de la personalidad generalmente implica psicoterapia, que puede ayudar a las personas a aprender habilidades de afrontamiento, regulación emocional y habilidades de comunicación, y puede mejorar sus relaciones y su funcionamiento general.

Agresión y Violencia en el Lugar de Trabajo

La agresión y la violencia en el lugar de trabajo son problemas graves que pueden tener un impacto significativo en la seguridad, el bienestar y la productividad de los empleados. La agresión en el lugar de trabajo se define como cualquier comportamiento que tenga la intención de dañar a otra persona en el lugar de trabajo, mientras que la violencia en el lugar de trabajo implica el uso de la fuerza física para dañar a otra persona. La agresión y la violencia en el lugar de trabajo pueden tomar muchas formas, incluyendo el abuso verbal, el acoso, el acoso, la agresión física e incluso el homicidio.

Hay muchos factores diferentes que pueden contribuir a la agresión y la violencia en el lugar de trabajo, incluyendo el estrés en el lugar de trabajo, la inseguridad laboral, los conflictos personales y los problemas de salud mental. Además, algunas industrias y ocupaciones pueden estar en mayor riesgo de violencia en el lugar de trabajo, como la atención médica, la aplicación de la ley y el servicio al cliente.

La agresión y la violencia en el lugar de trabajo pueden tener consecuencias negativas significativas tanto para los empleados como para los empleadores. Los empleados que experimentan agresión y violencia en el lugar de trabajo pueden sufrir lesiones físicas, trauma emocional y disminución de la satisfacción laboral. También pueden experimentar problemas de salud mental a largo plazo, como ansiedad y trastorno de estrés postraumático (TEPT). Además, la agresión y la violencia en el lugar de trabajo pueden conducir a un aumento del ausentismo, una disminución de la productividad y altas tasas de rotación, lo que puede tener un impacto negativo en los resultados finales de una empresa.

Los empleadores tienen la responsabilidad de crear un entorno de trabajo seguro y saludable para sus empleados, y de tomar medidas proactivas para prevenir la agresión y la violencia en el lugar de trabajo. Esto puede incluir la implementación de políticas y procedimientos que aborden la agresión y la violencia en el lugar de trabajo, como las políticas contra el acoso y los programas de prevención de la violencia en el lugar de trabajo. Los empleadores también pueden proporcionar capacitación a los empleados sobre la resolución de conflictos, la comunicación efectiva y cómo reconocer y responder a la agresión y la violencia en el lugar de trabajo.

Además de las medidas preventivas, los empleadores también deben estar preparados para responder de forma rápida y efectiva en caso de agresión o violencia en el lugar de trabajo. Esto puede incluir el establecimiento de un plan de respuesta de emergencia, proporcionar recursos a los empleados que se han visto afectados por la agresión o la violencia en el lugar de trabajo, y garantizar que los empleados estén al tanto de cómo informar sobre los incidentes de agresión o violencia en el lugar de trabajo.

Los empleados individuales también tienen un papel que desempeñar en la prevención de la agresión y la violencia en el lugar de trabajo. Esto puede incluir hablar si son testigos de un comportamiento agresivo o violento en el lugar de trabajo, reportar incidentes de agresión o violencia en el lugar de trabajo a la gerencia o a los recursos humanos, y buscar apoyo si se han visto afectados por la agresión o la violencia en el lugar de trabajo.

En conclusión, la agresión y la violencia en el lugar de trabajo son problemas graves que pueden tener un impacto significativo en la seguridad, el bienestar y la productividad de los empleados. Los empleadores tienen la responsabilidad de crear un entorno de trabajo seguro y saludable para sus empleados, y de tomar medidas proactivas para prevenir la agresión y la violencia en el lugar de trabajo. Esto puede incluir la implementación de políticas y procedimientos, la capacitación a los empleados y la preparación para responder de manera rápida y efectiva en caso de agresión o violencia en el lugar de trabajo. Los empleados individuales también tienen un papel que desempeñar en la prevención de la agresión y la violencia en el lugar de trabajo al hablar y denunciar incidentes. Al trabajar juntos, podemos crear un lugar de trabajo más seguro y productivo para todos.

Es importante tener en cuenta que la agresión y la violencia en el lugar de trabajo pueden tener un impacto significativo en la salud mental de una persona. Los empleados que experimentan agresión o violencia en el lugar de trabajo pueden desarrollar ansiedad, depresión o trastorno de estrés postraumático, lo que puede tener efectos a largo plazo en su bienestar y capacidad para realizar su trabajo. Además, presenciar la agresión o la violencia en el lugar de trabajo también puede ser traumática y provocar sentimientos de impotencia y miedo.

Para abordar estos problemas, los empleadores deben proporcionar recursos y apoyo a los empleados que se han visto afectados por la agresión o la violencia en el lugar de trabajo. Esto puede incluir ofrecer servicios de asesoramiento, proporcionar tiempo libre para la recuperación y crear una cultura de apoyo en el lugar de trabajo que promueva la salud mental y el bienestar.

También es importante que los empleadores reconozcan que la agresión y la violencia en el lugar de trabajo pueden ser un signo de problemas organizativos más profundos, como malas prácticas de gestión, falta de comunicación y colaboración, o una cultura de trabajo tóxica. Abordar estos problemas subyacentes puede ayudar a prevenir futuros incidentes de agresión y violencia en el lugar de trabajo.

Además, los empleadores deben ser conscientes de las implicaciones legales y éticas de la agresión y la violencia en el trabajo. En muchos países, los empleadores tienen el deber legal de proporcionar un entorno de trabajo seguro y saludable para sus empleados, y pueden ser considerados responsables si no lo hacen. Los empleadores también deben ser conscientes de cualquier ley de discriminación o acoso que se aplique a su lugar de trabajo, y tomar medidas para prevenir dicho comportamiento.

En conclusión, la agresión y la violencia en el lugar de trabajo son problemas graves que requieren atención y acción tanto de los empleadores como de los empleados. Al crear un entorno de trabajo seguro y saludable, proporcionar recursos y apoyo a los empleados afectados y abordar los problemas organizativos subyacentes, los empleadores pueden ayudar a prevenir la agresión y la violencia en el lugar de trabajo. Al trabajar juntos, podemos crear una cultura en el lugar de trabajo que promueva el respeto, la colaboración y el bienestar de todos los empleados.

Los ejemplos de agresión y violencia en el lugar de trabajo incluyen:

Abuso verbal: Esto puede incluir gritar, usar blasfemias o hacer amenazas contra otra persona en el lugar de trabajo.

Acoso: Esto puede incluir insinuaciones o comentarios sexuales no deseados, comportamiento discriminatorio o la creación de un entorno de trabajo hostil.

Bullying: *(Es una forma de acoso)* Esto puede implicar excluir o aislar intencionalmente a un compañero de trabajo, difundir rumores o chismes, o socavar su trabajo.

Asalto físico: Esto puede implicar golpear, empujar u otras formas de violencia física.

Homicidio: En casos raros, la agresión y la violencia en el lugar de trabajo pueden escalar hasta el punto del homicidio, que es la forma más extrema de violencia en el lugar de trabajo.

Estos ejemplos destacan las diferentes formas que pueden tomar la agresión y la violencia en el lugar de trabajo. Es importante que los empleadores sean conscientes de estos riesgos potenciales y tomen medidas para evitar que se produzcan en el lugar de trabajo. Al crear un entorno de trabajo seguro y saludable, proporcionar capacitación a los empleados sobre cómo reconocer y responder a la agresión y la violencia en el lugar de trabajo, y estar preparados para responder de manera rápida y efectiva en caso de un incidente, los empleadores pueden ayudar a prevenir la agresión y la violencia en el lugar de trabajo y crear un entorno de trabajo más productivo y positivo.

Adicción al Trabajo y Agotamiento

La adicción al trabajo y el agotamiento son dos problemas comunes que muchas personas experimentan en el lugar de trabajo. La adicción al trabajo, también conocida como workaholism, se refiere a una necesidad compulsiva de trabajar en exceso y a una incapacidad para separarse del trabajo, incluso cuando se vuelve perjudicial para la salud y el bienestar de uno. El agotamiento, por otro lado, es un estado de agotamiento físico, emocional y mental que resulta del estrés prolongado y el exceso de trabajo.

La adicción al trabajo puede tener un impacto significativo en la salud mental y física de una persona. Puede conducir a un aumento de los niveles de estrés, ansiedad, depresión y una serie de problemas de salud física, como enfermedades cardíacas, presión arterial alta e insomnio. Los adictos al trabajo también pueden experimentar dificultades en sus relaciones personales, ya que pueden priorizar el trabajo sobre otros aspectos importantes de sus vidas.

Del mismo modo, el agotamiento también puede tener un impacto significativo en el bienestar de una persona. El agotamiento puede llevar a sentimientos de desapego, cinismo y reducción de la productividad. Las personas que experimentan agotamiento también pueden tener dificultades para concentrarse, experimentar una falta de motivación y sentirse físicamente agotadas.

Es importante que los empleadores sean conscientes de los riesgos potenciales de la adicción al trabajo y el agotamiento, y tomen medidas para evitar que estos problemas ocurran en el lugar de trabajo. Esto puede incluir ofrecer arreglos de trabajo flexibles, alentar a los empleados a tomar descansos y vacaciones, proporcionar recursos y apoyo a los empleados que luchan con problemas de salud mental y promover una cultura de trabajo positiva que valore el equilibrio entre el trabajo y la vida privada.

Además, los empleadores también pueden tomar medidas para abordar el agotamiento y la adicción al trabajo cuando ocurran.

Esto puede incluir la prestación de servicios de asesoramiento, la implementación de programas de gestión del estrés y el desarrollo de estrategias para ayudar a los empleados a gestionar su carga de trabajo de manera más efectiva.

También es importante que las personas asuman la responsabilidad de su propio bienestar y reconozcan los signos de adicción al trabajo y agotamiento. Esto puede incluir aprender a establecer límites, priorizar el autocuidado y buscar apoyo cuando sea necesario.

En conclusión, la adicción al trabajo y el agotamiento son problemas graves que pueden tener un impacto significativo en la salud mental y física de un individuo. Los empleadores y las personas pueden tomar medidas para evitar que estos problemas ocurran y abordarlos cuando ocurran. Al promover una cultura de trabajo positiva que valore el equilibrio entre el trabajo y la vida privada y priorice el bienestar de los empleados, podemos crear un entorno de trabajo más productivo y saludable para todos.

Otro aspecto importante a tener en cuenta al hablar de la adicción al trabajo y el agotamiento es el impacto que puede tener en la productividad y el éxito general de una organización. Si bien la adicción al trabajo puede conducir inicialmente a un aumento de la productividad, con el tiempo, puede conducir a una menor eficiencia e incluso al agotamiento. El agotamiento, por otro lado, puede conducir a una disminución de la motivación, falta de creatividad y una reducción de la productividad.

Los empleadores también deben reconocer que la adicción al trabajo y el agotamiento a menudo están vinculados a problemas organizacionales más grandes, como la falta de apoyo o recursos, las expectativas laborales poco claras y una cultura que valora el exceso de trabajo y las largas horas. Abordar estos problemas subyacentes puede ayudar a evitar que la adicción al trabajo y el agotamiento ocurran en primer lugar.

Además, la adicción al trabajo y el agotamiento no son solo problemas individuales, sino también problemas sociales. En muchas culturas, el exceso de trabajo y la priorización del trabajo por encima de todo lo demás se ve como una insignia de honor. Esto puede crear una cultura de trabajo tóxica que perpetúa la adicción al trabajo y el agotamiento, y refuerza la idea de que el éxito y la productividad son más importantes que el bienestar y el equilibrio entre el trabajo y la vida privada.

Es importante desafiar estas normas sociales y promover un enfoque más equilibrado del trabajo y la vida. Los empleadores pueden liderar con el ejemplo, promoviendo una cultura de trabajo saludable que priorice el bienestar de los empleados y el equilibrio entre el trabajo y la vida privada. Las personas también pueden desempeñar un papel reconociendo la importancia del autocuidado y estableciendo límites en torno al trabajo.

En conclusión, la adicción al trabajo y el agotamiento son problemas complejos que requieren un enfoque multifacético para abordar. Al promover una cultura de trabajo positiva que valora el bienestar de los empleados, proporcionando apoyo y recursos a las personas que luchan contra la adicción al trabajo y el agotamiento, y desafiando las normas sociales que perpetúan el exceso de trabajo y el agotamiento, podemos crear un entorno de trabajo más productivo y saludable para todos.

Trauma Relacionado con el Trabajo y Trastorno de Estrés Postraumático (TEPT)

El trauma relacionado con el trabajo y el trastorno de estrés postraumático (TEPT) son problemas importantes que pueden tener un profundo impacto en el bienestar y la capacidad de un individuo para funcionar en el lugar de trabajo. Los eventos traumáticos como los accidentes en el lugar de trabajo, la violencia, los desastres naturales y la exposición a la muerte o la violencia pueden resultar en trastorno de estrés postraumático, una condición de salud mental caracterizada por intensos sentimientos de miedo, impotencia y horror, que puede durar meses o incluso años.

Las personas que experimentan un trauma relacionado con el trabajo y desarrollan trastorno de estrés postraumático pueden experimentar una serie de síntomas, incluyendo flashbacks, pesadillas y pensamientos intrusivos relacionados con el evento traumático. También pueden experimentar sentimientos de ansiedad, miedo y depresión, así como dificultad para dormir, concentrarse y participar en actividades diarias. Estos síntomas pueden afectar significativamente la capacidad de un individuo para funcionar en el lugar de trabajo, lo que resulta en una reducción de la productividad, el ausentismo e incluso la pérdida del trabajo.

Los empleadores tienen la responsabilidad de proporcionar un entorno de trabajo seguro y de apoyo para sus empleados. Esto incluye tomar medidas para prevenir traumas relacionados con el trabajo, como implementar protocolos de seguridad y proporcionar capacitación a los empleados para prevenir accidentes y violencia. Los empleadores también pueden proporcionar recursos y apoyo a los empleados que han experimentado un trauma, como servicios de asesoramiento, tiempo libre remunerado y adaptaciones para ayudarlos a hacer frente a las secuelas del trauma.

También es importante que los empleadores reconozcan los signos del trastorno de estrés postraumático y proporcionen apoyo a los empleados que puedan estar experimentando esta afección. Esto puede incluir hacer adaptaciones en el lugar de trabajo para ayudar a las personas a controlar sus síntomas, proporcionar apoyo y recursos para ayudarlas a hacer frente a la condición, y crear un entorno de trabajo que entienda y apoye a los empleados que pueden estar experimentando un trauma o trastorno de estrés postraumático.

Las personas que han experimentado un trauma relacionado con el trabajo y han desarrollado trastorno de estrés postraumático pueden tomar medidas para controlar sus síntomas y mejorar su bienestar. Esto puede incluir buscar terapia, practicar el autocuidado y llegar a grupos de apoyo u otros recursos para personas con trastorno de estrés postraumático.

También es importante reconocer que el trauma relacionado con el trabajo y el trastorno de estrés postraumático no son solo problemas individuales, sino también problemas sociales más amplios. En muchas industrias, como los socorristas, los trabajadores de la salud y el personal militar, la exposición a eventos traumáticos es común. Es importante que la sociedad en su conjunto reconozca el impacto del trauma y el trastorno de estrés postraumático y proporcione recursos y apoyo a las personas que se han visto afectadas.

En conclusión, el trauma relacionado con el trabajo y el trastorno de estrés postraumático son problemas importantes que requieren un enfoque integral para abordarse. Los empleadores tienen la responsabilidad de proporcionar un entorno de trabajo y recursos seguros y de apoyo para los empleados que han sufrido un trauma. Las personas pueden tomar medidas para controlar sus síntomas y buscar apoyo. En última instancia, es importante que la sociedad en su conjunto reconozca el impacto del trauma y el trastorno de estrés postraumático y proporcione recursos y apoyo a aquellos que se han visto afectados. Al hacerlo, podemos crear un lugar de trabajo más solidario y comprensivo para todos.

Los ejemplos de eventos traumáticos relacionados con el trabajo que pueden resultar en trastorno de estrés postraumático incluyen:

Accidentes en el lugar de trabajo, como accidentes industriales o accidentes de construcción, que resultan en lesiones graves o muerte.
Exposición a la violencia en el lugar de trabajo, como agresión física, abuso verbal o acoso en el lugar de trabajo.

Socorristas que están expuestos a eventos traumáticos como accidentes, desastres naturales o delitos violentos.

Trabajadores de la salud que están expuestos a eventos traumáticos como la muerte de un paciente, la exposición a enfermedades infecciosas o la violencia en el lugar de trabajo.

Personal militar que está expuesto a combates u otros eventos traumáticos durante su servicio.

Personas que han sufrido acoso o agresión sexual en el lugar de trabajo.

Estos son solo algunos ejemplos de los tipos de eventos traumáticos relacionados con el trabajo que pueden conducir al trastorno de estrés postraumático. Es importante reconocer que el trauma puede afectar a cualquier persona, independientemente de su trabajo o industria, y que es importante proporcionar apoyo y recursos a las personas que han experimentado un trauma en el lugar de trabajo.

Acoso y Acoso en el Lugar de Trabajo

El acoso y el acoso en el lugar de trabajo son problemas graves que pueden tener un impacto significativo en el bienestar de una persona y su capacidad para funcionar en el lugar de trabajo. El acoso y el acoso pueden tomar muchas formas, incluido el abuso verbal, físico y emocional, y pueden ocurrir entre colegas, entre un supervisor y un empleado, o entre un empleado y un cliente.

El acoso y el acoso pueden crear un entorno de trabajo tóxico que es perjudicial para todos los empleados, lo que resulta en una disminución de la productividad, un aumento del ausentismo y mayores tasas de rotación. Además del impacto negativo en el lugar de trabajo, el acoso y el acoso también pueden tener efectos duraderos en la salud mental y el bienestar de las personas que han sido víctimas.

Las víctimas de acoso y acoso en el lugar de trabajo pueden experimentar una serie de síntomas, incluyendo ansiedad, depresión y enfermedades relacionadas con el estrés. También pueden experimentar una pérdida de confianza, una disminución de la autoestima y sentimientos de aislamiento e impotencia. Esto puede afectar significativamente la capacidad de un individuo para realizar su trabajo y puede tener efectos duraderos en su vida personal y profesional.

Los empleadores tienen la responsabilidad de crear un entorno de trabajo seguro y de apoyo para todos los empleados. Esto incluye la implementación de políticas y procedimientos para prevenir el acoso y el acoso, proporcionar capacitación a los empleados y supervisores sobre cómo reconocer y abordar estos problemas, y la creación de un sistema de informes para que los empleados informen de incidentes de acoso o acoso.

También es importante que los empleadores se tomen en serio los informes de acoso y acoso y tomen medidas rápidas para abordar el problema. Esto puede incluir la realización de investigaciones, la prestación de apoyo y recursos a la víctima y la adopción de medidas disciplinarias contra el perpetrador.

Las personas que han sufrido acoso o acoso en el lugar de trabajo pueden tomar medidas para protegerse a sí mismas y su bienestar. Esto puede incluir buscar apoyo de compañeros de trabajo, amigos o familiares, buscar asesoramiento o terapia y documentar incidentes de acoso o acoso.

Además de las acciones individuales, es importante que la sociedad en su conjunto reconozca el impacto del acoso y el acoso en el lugar de trabajo y tome medidas para prevenir y abordar estos problemas. Esto puede incluir el apoyo a la legislación y las políticas que protegen a las personas del acoso y el acoso, proporcionar educación y recursos a los empleadores y empleados, y promover una cultura de respeto e inclusión en el lugar de trabajo.

En conclusión, el acoso y el acoso en el lugar de trabajo son problemas graves que requieren un enfoque integral para abordarlos. Los empleadores tienen la responsabilidad de crear un entorno de trabajo seguro y de apoyo, y las personas pueden tomar medidas para protegerse y buscar apoyo si han sufrido acoso o acoso. Es importante que la sociedad en su conjunto reconozca el impacto de estos problemas y tome medidas para prevenirlos y abordarlos en el lugar de trabajo. Al hacerlo, podemos crear un lugar de trabajo más respetuoso e inclusivo para todos los empleados.

Los ejemplos de acoso en el lugar de trabajo pueden incluir:

Abuso verbal, como insultos, gritos o comentarios menospreciantes.

Abuso físico, como empujar, golpear o lanzar objetos.

Aislamiento social, como excluir a alguien de actividades o conversaciones sociales.

Intimidación o amenazas, como hacer que alguien se sienta inseguro o asustado.

Acoso sexual, como avances, comentarios o gestos sexuales no deseados.

Discriminación, como tratar a alguien injustamente por su raza, género, edad u otras características personales.

Acoso cibernético, como enviar mensajes de acoso o amenaza o compartir imágenes humillantes en línea.

Estos son solo algunos ejemplos de los tipos de comportamiento que pueden considerarse acoso y acoso en el lugar de trabajo. Es importante reconocer que el acoso y el acoso pueden tomar muchas formas y pueden ser sutiles o manifiestos. Los empleadores y las personas deben ser conscientes de estos comportamientos y tomar medidas para prevenirlos y abordarlos en el lugar de trabajo.

CAPÍTULO 3

EVALUACIÓN Y DIAGNÓSTICO DE COMPORTAMIENTOS ANORMALES EN EL LUGAR DE TRABAJO

Evaluar y diagnosticar el comportamiento anormal en el lugar de trabajo puede ser una tarea difícil, pero es un paso importante para ayudar a las personas a recibir el tratamiento y el apoyo adecuados que necesitan para manejar sus problemas de salud mental.

Hay varios métodos que se pueden utilizar para evaluar y diagnosticar un comportamiento anormal en el lugar de trabajo. Estos incluyen evaluaciones de autoinformes, observación, entrevistas y pruebas psicológicas.

Las evaluaciones de autoinformes implican que las personas completen cuestionarios o encuestas que preguntan sobre sus síntomas y experiencias. Estas evaluaciones pueden proporcionar información valiosa sobre los pensamientos, sentimientos y comportamientos de un individuo, pero pueden estar sujetas a prejuicios o imprecisiones.

La observación implica monitorear el comportamiento de una persona en el lugar de trabajo para identificar cualquier comportamiento anormal o preocupante. Esto puede implicar observar signos de angustia o cambios de comportamiento a lo largo del tiempo. Sin embargo, es importante asegurarse de que las observaciones se hagan de forma objetiva y sin prejuicios.

Las entrevistas implican hablar directamente con el individuo para recopilar información sobre sus experiencias, síntomas y comportamiento. Esto puede proporcionar información valiosa sobre los problemas de salud mental de una persona y puede ayudar a identificar cualquier problema subyacente que pueda estar contribuyendo a su comportamiento anormal.

Las pruebas psicológicas implican el uso de evaluaciones estandarizadas para evaluar el funcionamiento cognitivo y emocional de un individuo. Estas pruebas pueden incluir medidas de inteligencia, memoria, personalidad y síntomas de salud mental. Pueden proporcionar información valiosa sobre las fortalezas y debilidades de un individuo, y pueden ayudar a identificar cualquier problema de salud mental que pueda estar presente.

Una vez que se ha identificado un comportamiento anormal, es importante hacer un diagnóstico para determinar el tratamiento y el apoyo más adecuados. Los diagnósticos se hacen en función de la presencia de síntomas específicos y el impacto que tienen en el funcionamiento de un individuo.

En el lugar de trabajo, los diagnósticos comunes pueden incluir depresión, trastornos de ansiedad, trastorno de estrés postraumático (TEPT), trastornos por consumo de sustancias y trastornos de la personalidad. Estos diagnósticos se hacen en función de los síntomas específicos que una persona está experimentando y el impacto que tienen en su capacidad para realizar su trabajo.

Es importante tener en cuenta que el diagnóstico del comportamiento anormal en el lugar de trabajo debe hacerse con cuidado y consideración. Es esencial mantener la confidencialidad y asegurarse de que las personas no sean estigmatizadas o discriminadas en función de su diagnóstico. También es importante asegurarse de que cualquier diagnóstico sea realizado por un profesional de la salud mental cualificado que tenga la formación y la experiencia adecuadas para evaluar y diagnosticar problemas de salud mental.

En conclusión, evaluar y diagnosticar el comportamiento anormal en el lugar de trabajo es un paso importante para ayudar a las personas a recibir el tratamiento y el apoyo adecuados que necesitan para controlar sus problemas de salud mental. Las evaluaciones de autoinformes, la observación, las entrevistas y las pruebas psicológicas son todos métodos que se pueden utilizar para recopilar información sobre los síntomas y experiencias de un individuo. Los diagnósticos se hacen en función de los síntomas específicos que una persona está experimentando y el impacto que tienen en su funcionamiento. Es esencial mantener la confidencialidad y asegurarse de que las personas no sean estigmatizadas o discriminadas en función de su diagnóstico.

Además de la evaluación y el diagnóstico, es importante considerar el contexto en el que se está produciendo el comportamiento anormal. El entorno laboral, las demandas laborales y las relaciones interpersonales pueden contribuir a los problemas de salud mental de una persona. Abordar estos factores contextuales puede ser una parte importante del tratamiento y el apoyo.

Los empleadores pueden desempeñar un papel clave en la promoción de la salud mental en el lugar de trabajo mediante la creación de un entorno de trabajo positivo y de apoyo. Esto puede incluir proporcionar recursos y apoyo de salud mental, promover el equilibrio entre el trabajo y la vida personal y abordar problemas como el acoso y el acoso.

Los gerentes y compañeros de trabajo también pueden desempeñar un papel importante en el apoyo a las personas con problemas de salud mental. Esto puede implicar ser comprensivo y compasivo, ofrecer apoyo práctico, como ayuda con las tareas, y alentar al individuo a buscar ayuda profesional si es necesario.

Además de apoyar a las personas con problemas de salud mental, es importante promover el bienestar mental en el lugar de trabajo. Esto puede implicar la promoción de hábitos saludables, como el ejercicio y las técnicas de reducción del estrés, proporcionar oportunidades para el desarrollo profesional y el crecimiento profesional, y fomentar relaciones positivas entre los compañeros de trabajo.

En general, la evaluación y el diagnóstico de un comportamiento anormal en el lugar de trabajo es un paso importante para ayudar a las personas a recibir el tratamiento y el apoyo adecuados que necesitan para manejar sus problemas de salud mental. Es importante considerar el contexto en el que se está produciendo el comportamiento y promover el bienestar mental en el lugar de trabajo para apoyar el bienestar general de los empleados.

Entrevistas Clínicas y Diagnóstico

Las entrevistas clínicas y el diagnóstico son componentes críticos de la evaluación y el tratamiento de la salud mental. Permiten a los profesionales de la salud mental recopilar información importante sobre los síntomas, las experiencias y el funcionamiento de una persona, que se puede utilizar para desarrollar un diagnóstico preciso y un plan de tratamiento eficaz.

La entrevista clínica suele ser el primer paso en el proceso de evaluación. Implica una conversación estructurada o no estructurada entre el profesional de la salud mental y la persona que busca tratamiento. Durante la entrevista, el profesional de la salud mental puede preguntar sobre el problema de presentación de la persona, los antecedentes médicos, los antecedentes familiares, el apoyo social y otros factores que pueden ser relevantes para sus problemas de salud mental.

La entrevista clínica proporciona una gran cantidad de información que se puede utilizar para desarrollar un diagnóstico preciso. El profesional de la salud mental normalmente utilizará los criterios de diagnóstico descritos en el Manual Diagnóstico y Estadístico de los Trastornos Mentales (DSM-5) para identificar condiciones específicas de salud mental. El DSM-5 es un manual que proporciona directrices y criterios para diagnosticar trastornos de salud mental, incluidos los síntomas específicos que deben estar presentes y la duración y gravedad de esos síntomas.

Además de la entrevista clínica, los profesionales de la salud mental pueden utilizar otras herramientas de evaluación, como las pruebas psicológicas, para recopilar información adicional. Estas pruebas se pueden utilizar para evaluar áreas específicas de funcionamiento, como las habilidades cognitivas, los rasgos de personalidad o los síntomas de trastornos específicos.

El diagnóstico realizado durante el proceso de evaluación es fundamental para determinar el curso de tratamiento más adecuado. Permite a los profesionales de la salud mental seleccionar tratamientos que han demostrado ser efectivos para condiciones específicas de salud mental. Por ejemplo, la terapia cognitivo-conductual (TCC) se puede recomendar para personas con trastornos de ansiedad, mientras que la medicación se puede recomendar para personas con depresión.

Es importante tener en cuenta que el diagnóstico no siempre es sencillo, y las condiciones de salud mental pueden ser complejas y pueden presentarse de manera diferente en diferentes individuos. Los profesionales de la salud mental deben tener un enfoque integral para la evaluación y el diagnóstico, teniendo en cuenta toda la información disponible y teniendo en cuenta las experiencias y circunstancias únicas de cada individuo.

Otra consideración importante en las entrevistas clínicas y el diagnóstico es la importancia de la competencia cultural. Los profesionales de la salud mental deben ser conscientes y sensibles a las diferencias culturales y a cómo pueden afectar a los problemas de salud mental de una persona. Esto puede incluir la comprensión de las normas, creencias y valores culturales, y cómo pueden influir en los síntomas y experiencias de un individuo.

En conclusión, las entrevistas clínicas y el diagnóstico son componentes críticos de la evaluación y el tratamiento de la salud mental. Permiten a los profesionales de la salud mental recopilar información importante sobre los síntomas y experiencias de una persona, y desarrollar un diagnóstico preciso y un plan de tratamiento eficaz. Es importante tomar un enfoque integral de la evaluación y el diagnóstico, y considerar las experiencias y circunstancias únicas de cada individuo. La competencia cultural también es una consideración importante en las entrevistas clínicas y el diagnóstico, ya que los profesionales de la salud mental deben ser conscientes y sensibles a las diferencias culturales y a cómo pueden afectar las preocupaciones de salud mental de una persona.

Pruebas y Evaluación Psicológicas

Las pruebas y la evaluación psicológicas son componentes críticos de la evaluación y el tratamiento de la salud mental. Permiten a los profesionales de la salud mental recopilar información importante sobre los problemas de salud mental de una persona, la personalidad, el funcionamiento cognitivo y otros factores que pueden afectar su bienestar.

Las pruebas psicológicas suelen implicar la administración de pruebas estandarizadas, que están diseñadas para medir aspectos específicos de la salud mental y el funcionamiento de un individuo. Estas pruebas pueden evaluar áreas como los rasgos de personalidad, las habilidades cognitivas, el funcionamiento emocional o los síntomas de condiciones específicas de salud mental.

Hay muchos tipos diferentes de pruebas psicológicas, incluyendo cuestionarios de autoinforme, pruebas proyectivas y pruebas neuropsicológicas. Los cuestionarios de autoinforme suelen ser completados por el propio individuo y preguntan sobre sus pensamientos, sentimientos y comportamientos. Las pruebas proyectivas implican presentar al individuo con estímulos ambiguos, como manchas de tinta o imágenes, y pedirles que describan lo que ven. Las pruebas neuropsicológicas evalúan las habilidades cognitivas de un individuo, como la memoria o las habilidades de resolución de problemas.

Además de las pruebas psicológicas, los profesionales de la salud mental también pueden utilizar otros tipos de evaluaciones, como entrevistas u observaciones. Estas evaluaciones pueden proporcionar información adicional sobre los problemas de salud mental y el funcionamiento de una persona.

La información recopilada de las pruebas y evaluaciones psicológicas se puede utilizar para desarrollar un diagnóstico y un plan de tratamiento precisos. Por ejemplo, se puede utilizar una evaluación cognitiva para evaluar las capacidades de memoria y atención de un individuo, lo que puede ser útil en el desarrollo de un plan de tratamiento para el deterioro cognitivo o la demencia. Las evaluaciones de la personalidad se pueden utilizar para identificar los rasgos que pueden estar contribuyendo a los problemas de salud mental de una persona, como el narcisismo o el trastorno límite de la personalidad.

Las pruebas y evaluaciones psicológicas también pueden ser útiles para evaluar la eficacia del tratamiento. Al medir los cambios en la salud mental y el funcionamiento de un individuo a lo largo del tiempo, los profesionales de la salud mental pueden determinar si el tratamiento está funcionando y hacer ajustes según sea necesario.

Es importante tener en cuenta que las pruebas y evaluaciones psicológicas deben ser realizadas por profesionales calificados con formación especializada en la administración e interpretación de estas pruebas. También es importante tener en cuenta los factores culturales al realizar pruebas y evaluaciones psicológicas, ya que algunas pruebas pueden no ser apropiadas o válidas para personas de ciertos orígenes culturales.

En conclusión, las pruebas y la evaluación psicológicas son componentes críticos de la evaluación y el tratamiento de la salud mental. Permiten a los profesionales de la salud mental recopilar información importante sobre los problemas de salud mental de una persona, la personalidad, el funcionamiento cognitivo y otros factores que pueden afectar su bienestar. La información recopilada de las pruebas y evaluaciones psicológicas se puede utilizar para desarrollar un diagnóstico y un plan de tratamiento precisos, y para evaluar la eficacia del tratamiento a lo largo del tiempo. Es importante asegurarse de que las pruebas y evaluaciones psicológicas sean realizadas por profesionales calificados con formación especializada, y tener en cuenta los factores culturales al seleccionar y administrar las pruebas.

Neuroimagen y Otras Evaluaciones Biológicas

Las neuroimagenes y otras evaluaciones biológicas son herramientas importantes utilizadas en la evaluación y el diagnóstico de las condiciones de salud mental. Estas evaluaciones proporcionan datos objetivos sobre la estructura, la función y la actividad del cerebro, que pueden ayudar a identificar la base neurológica subyacente de las condiciones de salud mental.

La neuroimagen es un tipo de evaluación que utiliza tecnología avanzada para crear imágenes del cerebro. Esta tecnología incluye imágenes por resonancia magnética (IRM), tomografía por emisión de positrones (PET) e imágenes por resonancia magnética funcional (fMRI). La resonancia magnética produce imágenes detalladas de la estructura del cerebro, mientras que la PET y la fMRI se utilizan para medir la actividad cerebral mediante el seguimiento del flujo sanguíneo a diferentes áreas del cerebro.

La neuroimagen puede proporcionar información importante sobre la estructura del cerebro, como el tamaño y la forma de las diferentes regiones, así como los cambios en los niveles de actividad en respuesta a diferentes estímulos. Por ejemplo, la neuroimagen se ha utilizado para identificar diferencias en la estructura y función del cerebro en personas con afecciones como la esquizofrenia, la depresión y el trastorno bipolar.

Además de la neuroimagen, se pueden utilizar otras evaluaciones biológicas para recopilar información sobre la salud mental de un individuo. Estas evaluaciones pueden incluir pruebas genéticas, análisis de sangre y otras medidas fisiológicas. Por ejemplo, las pruebas genéticas pueden identificar variaciones genéticas que pueden aumentar el riesgo de un individuo de ciertas afecciones de salud mental, mientras que los análisis de sangre pueden proporcionar información sobre los niveles hormonales u otros factores fisiológicos que pueden estar contribuyendo a problemas de salud mental.

Si bien las neuroimagenes y otras evaluaciones biológicas pueden proporcionar información importante sobre la salud mental de un individuo, es importante tener en cuenta que normalmente no se utilizan como evaluaciones independientes. En su lugar, a menudo se utilizan junto con otras evaluaciones, como entrevistas clínicas y pruebas psicológicas, para proporcionar una comprensión completa de las preocupaciones de salud mental de una persona.

También es importante considerar las implicaciones éticas del uso de la neuroimagen y otras evaluaciones biológicas en la evaluación y el diagnóstico de las condiciones de salud mental. Por ejemplo, el uso de pruebas genéticas puede plantear preocupaciones sobre la privacidad y la discriminación, mientras que la interpretación de los datos de neuroimagen puede ser compleja y estar sujeta a una interpretación errónea.

En conclusión, la neuroimagen y otras evaluaciones biológicas son herramientas importantes utilizadas en la evaluación y el diagnóstico de las condiciones de salud mental. Estas evaluaciones proporcionan datos objetivos sobre la estructura, la función y la actividad del cerebro, que pueden ayudar a identificar la base neurológica subyacente de las condiciones de salud mental. Sin embargo, es importante considerar las implicaciones éticas del uso de estas evaluaciones y utilizarlas junto con otras evaluaciones para proporcionar una comprensión integral de los problemas de salud mental de una persona.

Evaluación Ambiental y Observación del Lugar de Trabajo

La evaluación ambiental y la observación en el lugar de trabajo son herramientas importantes utilizadas en la identificación y prevención de los peligros en el lugar de trabajo y los factores de estrés psicológico. Estas evaluaciones pueden proporcionar información valiosa sobre el entorno físico y social en el que trabajan las personas, y pueden ayudar a identificar áreas de mejora que pueden mejorar la seguridad general, la salud y el bienestar en el lugar de trabajo.

Las evaluaciones ambientales pueden incluir una variedad de evaluaciones, como evaluaciones de peligros en el lugar de trabajo, evaluaciones ergonómicas y evaluaciones de calidad del aire. Estas evaluaciones pueden identificar peligros físicos en el lugar de trabajo, como equipos inseguros, materiales peligrosos y mala ventilación, así como problemas ergonómicos, como movimientos repetitivos y posturas incómodas. Las evaluaciones de la calidad del aire pueden identificar posibles peligros ambientales, como los contaminantes atmosféricos y el moho.

La observación en el lugar de trabajo implica observar directamente a los empleados en el trabajo y evaluar su entorno de trabajo. Esta evaluación puede ayudar a identificar factores de estrés psicológico como la alta carga de trabajo, el bajo apoyo social y el bajo control del trabajo, así como otros factores que pueden contribuir a un entorno de trabajo estresante. Por ejemplo, la observación en el lugar de trabajo puede revelar que los empleados son interrumpidos con frecuencia o que hay una falta de comunicación y colaboración entre los empleados.

Las evaluaciones ambientales y la observación en el lugar de trabajo se pueden utilizar en combinación para proporcionar una comprensión integral del entorno físico y social en el que trabajan las personas. Al identificar posibles peligros y factores estresantes en el lugar de trabajo, los empleadores pueden tomar medidas para reducir el riesgo de lesiones, enfermedades y problemas psicológicos. Esto puede incluir la implementación de mejoras ergonómicas, el aumento del apoyo social y la comunicación, y la reducción de los peligros ambientales.

Además de reducir el riesgo de lesiones, enfermedades y problemas psicológicos, las evaluaciones ambientales y la observación en el lugar de trabajo también pueden tener otros beneficios. Por ejemplo, al mejorar el entorno físico y social en el que trabajan los empleados, la productividad y la satisfacción laboral pueden aumentar. Esto puede conducir a una mayor retención de empleados, una reducción del ausentismo y un mayor rendimiento laboral.

Es importante tener en cuenta que las evaluaciones ambientales y la observación en el lugar de trabajo deben llevarse a cabo de una manera respetuosa y no intrusiva. Los empleados deben ser informados sobre el propósito de la evaluación y cualquier hallazgo debe ser compartido de una manera transparente y respetuosa. Además, cualquier cambio o mejora realizada como resultado de la evaluación debe hacerse en consulta con los empleados para garantizar que se aborden sus necesidades e inquietudes.

En conclusión, la evaluación ambiental y la observación en el lugar de trabajo son herramientas importantes utilizadas en la identificación y prevención de los peligros en el lugar de trabajo y los factores de estrés psicológico. Estas evaluaciones pueden proporcionar información valiosa sobre el entorno físico y social en el que trabajan las personas y pueden ayudar a identificar áreas de mejora que pueden mejorar la seguridad general, la salud y el bienestar en el lugar de trabajo. Al mejorar el entorno de trabajo, los empleadores pueden reducir el riesgo de lesiones, enfermedades y angustia psicológica, y también pueden ver mejoras en la productividad y la satisfacción laboral.

CAPÍTULO 4

EFECTOS DEL COMPORTAMIENTO ANORMAL EN EL LUGAR DE TRABAJO

El comportamiento anormal en el lugar de trabajo puede tener una variedad de efectos negativos tanto en el individuo que exhibe el comportamiento como en la organización en su conjunto. El comportamiento anormal se refiere a cualquier comportamiento que se desvíe de lo que se considera normal o esperado en un contexto determinado, y puede variar de leve a grave.

Uno de los efectos más inmediatos de un comportamiento anormal en el lugar de trabajo es la disminución de la productividad. Esto puede deberse a una serie de factores, como un empleado que interrumpe constantemente a otros, o uno que se distrae constantemente con sus propios pensamientos o comportamientos. Además, los empleados que exhiben un comportamiento anormal pueden tener dificultades para completar las tareas a tiempo, o pueden cometer errores que pueden provocar más retrasos y reveses.

Otro efecto negativo del comportamiento anormal en el lugar de trabajo es el aumento de la tensión y el conflicto entre los compañeros de trabajo. Por ejemplo, un empleado que con frecuencia es confrontativo o agresivo puede crear un ambiente de trabajo hostil que dificulta que otros trabajen de manera efectiva. Además, un empleado que es constantemente negativo o se queja puede bajar la moral de todo el equipo, haciendo que sea más difícil para todos mantenerse motivados y comprometidos.

El comportamiento anormal también puede tener un impacto en la seguridad en el lugar de trabajo. Por ejemplo, un empleado que está ausente con frecuencia o se retrasa puede tener menos probabilidades de seguir los protocolos de seguridad, poniéndose a sí mismo y a los demás en riesgo. Además, un empleado que está experimentando una crisis de salud mental puede volverse impredecible o inestable, lo que podría conducir a situaciones peligrosas en el lugar de trabajo.

Desde una perspectiva organizativa más amplia, el comportamiento anormal puede tener una serie de consecuencias negativas. Por ejemplo, puede dañar la reputación de la empresa y dificultar la atracción y retención de empleados con talento. También puede aumentar los riesgos legales y financieros, especialmente si el comportamiento en cuestión es ilegal o viola la política de la empresa.

Además, cuando un empleado exhibe un comportamiento anormal, es importante que la organización tome medidas para abordar el problema. Esto puede implicar proporcionar apoyo y recursos para la persona en cuestión, como asesoramiento o tratamiento médico. También puede implicar hacer cambios en el entorno de trabajo o en las políticas para abordar los problemas subyacentes que pueden estar contribuyendo al comportamiento.

En conclusión, el comportamiento anormal en el lugar de trabajo puede tener una serie de efectos negativos tanto en el individuo como en la organización en su conjunto. Es importante que las organizaciones sean proactivas a la hora de abordar estos problemas, tanto para apoyar el bienestar de sus empleados como para proteger sus propios intereses. Al tomar un enfoque compasivo y reflexivo, las organizaciones pueden crear un lugar de trabajo más saludable y productivo para todos.

Impacto en la Salud y el Bienestar de los Empleados

El comportamiento anormal en el lugar de trabajo puede tener un impacto significativo en la salud y el bienestar de los empleados. El comportamiento anormal se refiere a cualquier comportamiento que se desvíe de lo que se considera normal o esperado en un contexto determinado, y puede variar de leve a grave. Tal comportamiento puede conducir a una serie de resultados negativos para los empleados, incluyendo estrés, ansiedad, depresión y problemas de salud física.

Uno de los impactos más inmediatos de un comportamiento anormal en la salud y el bienestar de los empleados es el aumento del estrés. Los empleados que están sujetos a un comportamiento anormal pueden sentirse ansiosos o nerviosos, preguntándose cuándo ocurrirá el próximo arrebato o interrupción. Esto puede conducir al estrés crónico, que puede tener una serie de efectos negativos para la salud, incluyendo presión arterial alta, enfermedades cardíacas y depresión.

Además, los empleados que están expuestos a un comportamiento anormal pueden sentir una sensación de aislamiento o soledad. Pueden sentir que no pueden hablar con los demás sobre sus experiencias, o pueden sentirse avergonzados o avergonzados de hacerlo. Esto puede conducir a una serie de resultados emocionales negativos, incluyendo sentimientos de depresión, ansiedad y desesperanza.

El comportamiento anormal también puede afectar a la salud física de varias maneras. Los empleados que están estresados o ansiosos pueden experimentar una serie de síntomas físicos, incluyendo dolores de cabeza, tensión muscular y problemas gastrointestinales. Además, los empleados que son sometidos a un comportamiento abusivo o agresivo pueden experimentar lesiones físicas, que van desde moretones y cortes menores hasta lesiones más graves como fracturas de huesos.

Desde una perspectiva más amplia, el comportamiento anormal también puede tener un impacto en la cultura y las normas del lugar de trabajo. Cuando se permite que persista un comportamiento anormal, puede crear un entorno tóxico que puede ser difícil de cambiar. Los empleados pueden acostumbrarse a dicho comportamiento y pueden comenzar a verlo como normal, lo que puede hacer que sea más difícil para ellos reconocer cuándo no es apropiado.

Además, el impacto de un comportamiento anormal puede extenderse más allá de los empleados individuales a equipos o departamentos completos. Cuando un empleado está sujeto a tal comportamiento, puede crear un efecto dominó que afecta a todo el grupo. Esto puede conducir a una disminución de la moral, un aumento de la rotación y una disminución de la productividad general.

Con el fin de mitigar el impacto del comportamiento anormal en la salud y el bienestar de los empleados, las organizaciones deben tomar medidas para abordar el problema. Esto puede implicar la creación de políticas y procedimientos que prohíban dicho comportamiento, proporcionar capacitación y apoyo a los gerentes y empleados, y ofrecer recursos para aquellos que han experimentado dicho comportamiento.

En conclusión, no se puede exagerar el impacto de un comportamiento anormal en la salud y el bienestar de los empleados. Puede conducir a una serie de resultados negativos, incluyendo estrés, ansiedad, depresión y problemas de salud física. Las organizaciones deben tomar medidas para abordar dicho comportamiento, tanto para proteger el bienestar de sus empleados como para crear un lugar de trabajo saludable y productivo. Al fomentar una cultura de respeto y apoyo, las organizaciones pueden crear un entorno de trabajo que sea seguro y satisfactorio para todos los empleados.

Impacto en la Productividad y el Rendimiento del Lugar de Trabajo

El comportamiento anormal en el lugar de trabajo puede tener un impacto significativo en la productividad y el rendimiento en el lugar de trabajo. El comportamiento anormal se refiere a cualquier comportamiento que se desvíe de lo que se considera normal o esperado en un contexto determinado, y puede variar de leve a grave. Tal comportamiento puede conducir a una serie de resultados negativos para las organizaciones, incluyendo una disminución de la productividad, un trabajo de menor calidad y un aumento del ausentismo.

Uno de los impactos más inmediatos del comportamiento anormal en la productividad y el rendimiento en el lugar de trabajo es la disminución de la eficiencia. Los empleados que están sujetos a un comportamiento anormal pueden distraerse o pueden pasar tiempo tratando de evitar que la persona muestre dicho comportamiento, lo que puede resultar en una disminución de la producción y el incumplimiento de los plazos. Además, los empleados que están ansiosos o estresados debido a un comportamiento anormal pueden cometer errores o perder detalles importantes, lo que puede conducir a errores que pueden afectar negativamente a la organización.

El comportamiento anormal también puede tener un impacto en la cultura del lugar de trabajo y en la dinámica del equipo. Cuando un empleado exhibe un comportamiento anormal, puede crear tensión y conflicto entre los compañeros de trabajo, lo que puede hacer que sea más difícil para ellos trabajar juntos de manera efectiva. Esto puede conducir a una disminución de la colaboración, una disminución de la moral y una disminución en el rendimiento general del equipo.

Además, el comportamiento anormal puede conducir a un aumento del ausentismo y la rotación. Los empleados que están sujetos a tal comportamiento pueden tener más probabilidades de llamar por enfermedad o abandonar la organización por completo. Esto puede crear una sensación de inestabilidad e incertidumbre dentro de la organización, lo que puede hacer que sea más difícil alcanzar metas y objetivos a largo plazo.

Desde una perspectiva más amplia, el comportamiento anormal también puede afectar la reputación y los resultados finales de la organización. Cuando se permite que dicho comportamiento persista, puede crear una percepción negativa de la organización tanto entre los empleados como entre los clientes. Esto puede hacer que sea más difícil atraer y retener a empleados con talento, así como mantener relaciones positivas con clientes y clientes.

Con el fin de mitigar el impacto de un comportamiento anormal en la productividad y el rendimiento del lugar de trabajo, las organizaciones deben tomar medidas para abordar el problema. Esto puede implicar proporcionar capacitación y apoyo a gerentes y empleados, crear políticas y procedimientos que prohíban dicho comportamiento, y ofrecer recursos para aquellos que han experimentado dicho comportamiento.

Además, es importante que las organizaciones fomenten una cultura de respeto y apoyo, donde los empleados se sientan cómodos informando de un comportamiento anormal y donde no se tolere dicho comportamiento. Al crear un entorno de trabajo que sea seguro y de apoyo, las organizaciones pueden ayudar a minimizar el impacto del comportamiento anormal en la productividad y el rendimiento del lugar de trabajo.

En conclusión, el impacto del comportamiento anormal en la productividad y el rendimiento en el lugar de trabajo puede ser significativo. Puede conducir a una disminución de la eficiencia, un trabajo de menor calidad y un aumento del ausentismo y la rotación. Las organizaciones deben tomar medidas para abordar dicho comportamiento, tanto para proteger sus resultados finales como para crear un entorno de trabajo saludable y productivo. Al fomentar una cultura de respeto y apoyo, las organizaciones pueden crear un lugar de trabajo que sea seguro y satisfactorio para todos los empleados.

Impacto en la Cultura y el Clima del Lugar de Trabajo

El comportamiento anormal en el lugar de trabajo puede tener un impacto significativo en la cultura y el clima del lugar de trabajo. El comportamiento anormal se refiere a cualquier comportamiento que se desvíe de lo que se considera normal o esperado en un contexto determinado, y puede variar de leve a grave. Tal comportamiento puede conducir a una serie de resultados negativos para la cultura y el clima en el lugar de trabajo, incluida la disminución de la moral, el aumento del conflicto y una disminución de la cohesión general del equipo.

Uno de los impactos más inmediatos del comportamiento anormal en la cultura y el clima en el lugar de trabajo es la disminución de la moral. Los empleados que están sujetos a un comportamiento anormal pueden sentirse desmotivados o desvinculados, lo que puede afectar su satisfacción laboral general y su compromiso con la organización. Esto puede crear una sensación de negatividad y cinismo que puede extenderse por todo el lugar de trabajo, impactando la cultura y el clima en general.

El comportamiento anormal también puede provocar un mayor conflicto y tensión entre los empleados. Cuando un empleado exhibe tal comportamiento, puede crear una sensación de malestar e incomodidad entre los compañeros de trabajo, lo que puede conducir a un mayor conflicto y tensión. Esto puede crear un entorno de trabajo tóxico que puede ser difícil de superar.

Además, el comportamiento anormal puede llevar a una disminución en la cohesión general del equipo. Cuando un empleado exhibe tal comportamiento, puede crear una sensación de división y desavenencia entre el equipo, lo que puede hacer que sea más difícil para ellos trabajar juntos de manera efectiva. Esto puede afectar a la productividad y el rendimiento general del equipo, y también puede afectar a la calidad del trabajo producido.

Desde una perspectiva más amplia, el comportamiento anormal también puede afectar la reputación y la marca en general de la organización. Cuando se permite que dicho comportamiento persista, puede crear una percepción negativa de la organización tanto entre los empleados como entre los clientes. Esto puede afectar a la capacidad de la organización para atraer y retener empleados con talento, así como para mantener relaciones positivas con clientes y clientes.

Con el fin de mitigar el impacto del comportamiento anormal en la cultura y el clima del lugar de trabajo, las organizaciones deben tomar medidas para abordar el problema. Esto puede implicar proporcionar capacitación y apoyo a gerentes y empleados, crear políticas y procedimientos que prohíban dicho comportamiento, y ofrecer recursos para aquellos que han experimentado dicho comportamiento.

Además, es importante que las organizaciones fomenten una cultura de respeto y apoyo, donde los empleados se sientan cómodos informando de un comportamiento anormal y donde no se tolere dicho comportamiento. Al crear un entorno de trabajo que sea seguro y de apoyo, las organizaciones pueden ayudar a minimizar el impacto del comportamiento anormal en la cultura y el clima del lugar de trabajo.

En conclusión, el impacto de un comportamiento anormal en la cultura y el clima del lugar de trabajo puede ser significativo. Puede conducir a una disminución de la moral, un aumento del conflicto y una disminución en la cohesión general del equipo. Las organizaciones deben tomar medidas para abordar dicho comportamiento, tanto para proteger su reputación como para crear un entorno de trabajo saludable y productivo. Al fomentar una cultura de respeto y apoyo, las organizaciones pueden crear un lugar de trabajo que sea seguro y satisfactorio para todos los empleados.

Implicaciones Legales y Éticas de un Comportamiento Anormal en el Lugar de Trabajo

Con el fin de mitigar las implicaciones legales y éticas del comportamiento anormal en el lugar de trabajo, las organizaciones deben tomar medidas para abordar el problema. Esto puede implicar proporcionar capacitación y apoyo a gerentes y empleados, crear políticas y procedimientos que prohíban dicho comportamiento, y ofrecer recursos para aquellos que han experimentado dicho comportamiento.

Además, es importante que las organizaciones fomenten una cultura de respeto y apoyo, donde los empleados se sientan cómodos informando de un comportamiento anormal y donde no se tolere dicho comportamiento. Al crear un entorno de trabajo que sea seguro y de apoyo, las organizaciones pueden ayudar a minimizar las implicaciones legales y éticas de un comportamiento anormal en el lugar de trabajo.

En conclusión, las implicaciones legales y éticas de un comportamiento anormal en el lugar de trabajo pueden ser graves. Puede conducir a denuncias de acoso, discriminación o represalias, así como a violaciones éticas relacionadas con la seguridad y la dignidad en el lugar de trabajo. Las organizaciones deben tomar medidas para abordar dicho comportamiento, tanto para protegerse a sí mismas legal y éticamente como para crear un entorno de trabajo saludable y productivo. Al fomentar una cultura de respeto y apoyo, las organizaciones pueden crear un lugar de trabajo que sea tanto legal como éticamente sólido.

Hay una serie de leyes en los Estados Unidos que son relevantes para el comportamiento anormal en el lugar de trabajo. Por ejemplo, **la Ley de Estadounidenses con Discapacidades (ADA)** prohíbe a los empleadores discriminar a los empleados por motivos de discapacidad, incluidas las condiciones de salud mental. La ADA requiere que los empleadores proporcionen adaptaciones razonables a los empleados con discapacidades, incluidos aquellos con problemas de salud mental, para que puedan realizar sus trabajos.

Además, *el Título VII de la Ley de Derechos Civiles de 1964* prohíbe a los empleadores discriminar a los empleados por motivos de raza, color, religión, sexo u origen nacional. Esto incluye la protección contra el acoso y los entornos de trabajo hostiles, que pueden ser causados por un comportamiento anormal en el lugar de trabajo.

La Ley de Seguridad y Salud Ocupacional (OSHA) requiere que los empleadores proporcionen un entorno de trabajo seguro y saludable para los empleados. Esto incluye la protección contra la violencia en el lugar de trabajo, que puede ser causada por un comportamiento anormal.

Los empleadores también tienen la obligación de common law de proporcionar un entorno de trabajo seguro y saludable para los empleados, lo que incluye la protección contra daños previsibles, incluidos los daños causados por un comportamiento anormal.

Además de estas leyes, puede haber leyes y regulaciones estatales que sean relevantes para el comportamiento anormal en el lugar de trabajo. Por ejemplo, algunos estados tienen leyes que abordan específicamente la violencia en el lugar de trabajo, incluida la prevención y la respuesta.

Es importante que los empleadores sean conscientes de estas leyes y tomen medidas para cumplirlas, tanto para protegerse legalmente como para crear un entorno de trabajo seguro y saludable para los empleados. Esto puede incluir proporcionar capacitación y apoyo a gerentes y empleados, crear políticas y procedimientos que prohíban dicho comportamiento y ofrecer recursos para aquellos que han experimentado dicho comportamiento.

Los empleadores que no cumplan con estas leyes pueden enfrentarse a consecuencias legales, incluyendo demandas, multas y daños a la reputación. Por ejemplo, si se descubre que un empleador ha discriminado a un empleado sobre la base de su estado de salud mental, se le puede exigir que pague daños y perjuicios al empleado y puede estar sujeto a sanciones por parte de las agencias gubernamentales.

Además, los empleadores también pueden enfrentarse a consecuencias éticas por no abordar el comportamiento anormal en el lugar de trabajo. Los empleados que son sometidos a un comportamiento anormal pueden experimentar impactos negativos en su salud mental y bienestar, lo que puede conducir a una disminución de la productividad, un aumento del ausentismo y otros resultados negativos. Esto puede tener un efecto dominó en la cultura y el clima del lugar de trabajo, lo que lleva a una disminución de la moral y a una falta de confianza en el liderazgo.

Para abordar el comportamiento anormal en el lugar de trabajo, los empleadores pueden tomar una serie de medidas. Esto puede incluir proporcionar capacitación y apoyo a gerentes y empleados sobre temas como la salud mental, la seguridad en el lugar de trabajo y la diversidad y la inclusión. Los empleadores también pueden implementar políticas y procedimientos que prohíban el comportamiento anormal y establecer procedimientos claros de presentación de informes e investigación para los empleados que experimenten o sean testigos de dicho comportamiento.

Además, los empleadores pueden tomar medidas para promover una cultura de respeto y apoyo en el lugar de trabajo. Esto puede incluir la creación de un programa de bienestar en el lugar de trabajo que proporcione recursos y apoyo a los empleados que están experimentando problemas de salud mental, así como el fomento de un entorno de comunicación abierta y respeto mutuo entre los empleados y entre los empleados y la dirección.

En conclusión, hay una serie de leyes en los Estados Unidos que son relevantes para el comportamiento anormal en el lugar de trabajo, incluida la Ley de Estadounidenses con Discapacidades, el Título VII de la Ley de Derechos Civiles y la Ley de Seguridad y Salud Ocupacional. Los empleadores que no cumplen con estas leyes pueden enfrentar consecuencias legales y éticas, así como a impactos negativos en la cultura y la Para abordar el comportamiento anormal en el lugar de trabajo, los empleadores pueden tomar medidas para proporcionar capacitación y apoyo a los empleados, establecer políticas y procedimientos, y promover una cultura de respeto y apoyo.

CAPÍTULO 5

TRATAMIENTO Y MANEJO DE COMPORTAMIENTOS ANORMALES EN EL LUGAR DE TRABAJO

El comportamiento anormal en el lugar de trabajo puede tener un impacto negativo significativo en la salud y el bienestar de los empleados, la cultura y la productividad en el lugar de trabajo. Es importante que los empleadores tomen medidas proactivas para identificar y abordar el comportamiento anormal, y que proporcionen apoyo y recursos a los empleados que puedan estar experimentando problemas de salud mental.

Uno de los primeros pasos para abordar el comportamiento anormal en el lugar de trabajo es crear una cultura de apertura y apoyo. Esto se puede lograr a través de la capacitación y educación para empleados y gerentes sobre problemas de salud mental, así como a través de la implementación de políticas y procedimientos que apoyen a los empleados que pueden estar experimentando problemas de salud mental. Los empleadores también pueden ofrecer acceso a recursos y servicios de salud mental, como programas de asistencia a los empleados o servicios de asesoramiento.

En algunos casos, los empleados pueden requerir tratamiento médico o de salud mental para controlar sus síntomas y abordar su comportamiento anormal. Los empleadores pueden ayudar a los empleados a acceder al tratamiento adecuado proporcionando información sobre los recursos de salud mental y la cobertura del seguro, y permitiendo tiempo libre para citas médicas o tratamiento.

Los empleadores también pueden trabajar con los empleados para crear planes individualizados para gestionar su comportamiento anormal en el lugar de trabajo. Esto puede incluir adaptaciones como horarios de trabajo flexibles o tareas de trabajo modificadas, así como controles regulares con gerentes o colegas para monitorear el progreso y proporcionar apoyo.

En algunos casos, los empleadores pueden tener que tomar medidas disciplinarias en respuesta a un comportamiento anormal que está causando daño o interrupción en el lugar de trabajo. Esto debe hacerse de acuerdo con las políticas de la empresa y las leyes aplicables, y con un enfoque en abordar el comportamiento y apoyar al empleado para que realice los cambios necesarios.

En última instancia, el objetivo del tratamiento y la gestión del comportamiento anormal en el lugar de trabajo debe ser crear un entorno de trabajo de apoyo y productivo para todos los empleados. Al proporcionar apoyo y recursos a los empleados que pueden estar experimentando problemas de salud mental, los empleadores pueden ayudar a reducir los impactos negativos del comportamiento anormal en la cultura y la productividad del lugar de trabajo, y promover el bienestar de todos los empleados.

También es importante que los empleadores creen un entorno de trabajo que sea propicio para una buena salud mental. Esto incluye fomentar una cultura de comunicación abierta, respeto y apoyo entre los empleados, así como garantizar que el entorno de trabajo sea seguro y esté libre de acoso o discriminación. Los empleadores también pueden promover un equilibrio saludable entre el trabajo y la vida privada ofreciendo horarios de trabajo flexibles, tiempo libre y otros beneficios que permitan a los empleados priorizar su salud mental y bienestar.

Además de proporcionar apoyo y recursos a los empleados, los empleadores también pueden tomar medidas para prevenir comportamientos anormales en el lugar de trabajo. Esto incluye la implementación de políticas y procedimientos que prohíban el acoso, la discriminación y otras formas de comportamiento abusivo o perturbador, así como proporcionar capacitación y educación a los empleados y gerentes sobre cómo identificar y abordar el comportamiento anormal.

Por último, los empleadores deben dar prioridad a la comunicación y los comentarios regulares con los empleados para identificar y abordar los posibles problemas antes de que se vuelvan más serios. Esto se puede lograr a través de chequeos regulares con gerentes o colegas, así como a través de encuestas anónimas u otros mecanismos de retroalimentación que permiten a los empleados proporcionar información sobre la cultura del lugar de trabajo e identificar áreas de mejora.

En conclusión, el tratamiento y la gestión del comportamiento anormal en el lugar de trabajo requiere un enfoque proactivo y de apoyo que priorice la salud mental y el bienestar de todos los empleados. Esto incluye la creación de una cultura de apertura y apoyo, proporcionar acceso a recursos y servicios de salud mental, crear planes individualizados para gestionar el comportamiento anormal y promover un entorno de trabajo saludable. Al tomar estas medidas, los empleadores pueden ayudar a crear un entorno de trabajo productivo y de apoyo que beneficie a todos los empleados.

Psicoterapia y Consejería

La psicoterapia y el asesoramiento pueden ser herramientas valiosas para el tratamiento y el manejo del comportamiento anormal en el lugar de trabajo. Estos enfoques proporcionan a las personas un espacio seguro y confidencial para explorar sus pensamientos y sentimientos, y para trabajar en problemas que pueden estar afectando su salud mental y bienestar.

La psicoterapia y el asesoramiento pueden ser efectivos para abordar una amplia gama de problemas de salud mental, incluidos la ansiedad, la depresión, el estrés y el trauma. Estos enfoques también pueden ayudar a las personas a desarrollar estrategias de afrontamiento y mejorar sus habilidades de comunicación e interpersonales, que pueden ser valiosas en el lugar de trabajo.

Uno de los beneficios de la psicoterapia y el asesoramiento es que proporcionan a las personas un espacio confidencial y sin prejuicios para discutir sus preocupaciones. Esto puede ser particularmente importante en el lugar de trabajo, donde las personas pueden dudar en discutir cuestiones personales por miedo al estigma o la discriminación. Al proporcionar un espacio seguro y de apoyo para que las personas hablen sobre sus preocupaciones, la psicoterapia y el asesoramiento pueden ayudar a reducir el estigma que rodea a la salud mental y alentar a las personas a buscar la ayuda que necesitan.

La psicoterapia y el asesoramiento también se pueden adaptar a las necesidades específicas del individuo. Esto puede incluir la terapia cognitiva conductual (TCC), que se centra en identificar y cambiar los patrones de pensamiento negativos, o la terapia interpersonal (IPT), que se centra en mejorar la comunicación y las habilidades interpersonales. Estos enfoques pueden ser particularmente valiosos en el lugar de trabajo, donde las personas pueden estar lidiando con una serie de factores estresantes y desafíos interpersonales.

Además de la psicoterapia y el asesoramiento individuales, la terapia de grupo también puede ser valiosa en el lugar de trabajo. Este enfoque proporciona a las personas un entorno de apoyo en el que pueden conectarse con otras personas que puedan estar lidiando con problemas similares. La terapia de grupo también puede proporcionar a las personas valiosos comentarios y apoyo de sus compañeros, lo que puede ayudar a reforzar los cambios positivos y mejorar los resultados de salud mental.

Los empleadores pueden apoyar el uso de la psicoterapia y el asesoramiento en el lugar de trabajo proporcionando acceso a recursos y servicios de salud mental, como programas de asistencia a los empleados o servicios de asesoramiento. Los empleadores también pueden ofrecer horarios de trabajo flexibles o tiempo libre para permitir a los empleados asistir a las citas o participar en sesiones de terapia de grupo.

En conclusión, la psicoterapia y el asesoramiento pueden ser herramientas valiosas para el tratamiento y el manejo de comportamientos anormales en el lugar de trabajo. Estos enfoques proporcionan a las personas un espacio seguro y confidencial para explorar sus pensamientos y sentimientos, desarrollar estrategias de afrontamiento y mejorar la comunicación y las habilidades interpersonales. Al apoyar el uso de la psicoterapia y el asesoramiento en el lugar de trabajo, los empleadores pueden ayudar a promover la salud mental y el bienestar de todos los empleados.

Medicamentos y Otros Tratamientos Biológicos

Los medicamentos y otros tratamientos biológicos pueden ser eficaces en el tratamiento y el manejo de comportamientos anormales en el lugar de trabajo. Estos enfoques pueden ser particularmente valiosos para las personas que están experimentando síntomas graves o persistentes de enfermedad mental, y que pueden beneficiarse de apoyo adicional más allá de la psicoterapia y el asesoramiento.

Uno de los tipos de medicamentos más comunes utilizados para tratar enfermedades mentales son los antidepresivos. Estos medicamentos funcionan regulando los niveles de neurotransmisores en el cerebro, lo que puede ayudar a mejorar el estado de ánimo y reducir los síntomas de depresión y ansiedad. Los antidepresivos pueden ser particularmente útiles para las personas que experimentan síntomas persistentes de depresión o ansiedad que están afectando su capacidad para funcionar en el lugar de trabajo.

Otros tipos de medicamentos utilizados para tratar enfermedades mentales incluyen antipsicóticos, estabilizadores del estado de ánimo y medicamentos contra la ansiedad. Estos medicamentos pueden ser eficaces para controlar los síntomas de afecciones como el trastorno bipolar, la esquizofrenia y el trastorno obsesivo-compulsivo, y pueden ayudar a mejorar la salud mental y el funcionamiento en general.

Además de los medicamentos, también se pueden utilizar otros tratamientos biológicos para tratar el comportamiento anormal en el lugar de trabajo. Por ejemplo, la terapia electroconvulsiva (ECT) es un procedimiento que utiliza corrientes eléctricas para estimular el cerebro y se utiliza para tratar la depresión grave u otras enfermedades mentales. La estimulación magnética transcraneal (TMS) es otro tipo de tratamiento que utiliza campos magnéticos para estimular áreas del cerebro, y puede utilizarse para tratar la depresión u otras afecciones de salud mental.

Es importante tener en cuenta que los medicamentos y otros tratamientos biológicos no siempre son necesarios o apropiados para todas las personas. Estos tratamientos siempre deben usarse bajo la guía de un profesional de la salud capacitado, y deben adaptarse a las necesidades específicas del individuo. Además, los medicamentos y otros tratamientos biológicos pueden ir acompañados de efectos secundarios u otros riesgos, que deben discutirse con un proveedor de atención médica antes de comenzar el tratamiento.

Los empleadores pueden apoyar el uso de medicamentos y otros tratamientos biológicos en el lugar de trabajo proporcionando acceso a recursos y servicios de atención médica, como planes de salud de los empleados o referencias a profesionales de salud mental. Los empleadores también pueden trabajar con los empleados para crear planes individualizados para el manejo de las condiciones de salud mental, que pueden incluir medicamentos, psicoterapia y otras formas de tratamiento.

En conclusión, los medicamentos y otros tratamientos biológicos pueden ser efectivos en el tratamiento y el manejo de comportamientos anormales en el lugar de trabajo. Estos enfoques pueden ser particularmente valiosos para las personas que están experimentando síntomas graves o persistentes de enfermedad mental, y que pueden beneficiarse de apoyo adicional más allá de la psicoterapia y el asesoramiento. Al apoyar el uso de medicamentos y otros tratamientos biológicos en el lugar de trabajo, los empleadores pueden ayudar a promover la salud mental y el bienestar de todos los empleados.

Adaptaciones en el Lugar de Trabajo e Intervenciones de Apoyo

Las adaptaciones en el lugar de trabajo y las intervenciones de apoyo pueden ser eficaces en el tratamiento y el manejo de comportamientos anormales en el lugar de trabajo. Estos enfoques se centran en la creación de un entorno de trabajo inclusivo y de apoyo que promueva la salud mental y el bienestar de todos los empleados.

Una de las adaptaciones más comunes en el lugar de trabajo para las personas con problemas de salud mental es la provisión de arreglos de trabajo flexibles. Esto puede incluir una programación flexible, opciones de teletrabajo y responsabilidades laborales modificadas para ayudar a las personas a controlar sus síntomas y reducir el estrés. Otras adaptaciones en el lugar de trabajo pueden incluir el suministro de equipos especializados o tecnología de asistencia, estaciones de trabajo ergonómicas o modificaciones en el entorno de trabajo físico.

Además de las adaptaciones en el lugar de trabajo, las intervenciones de apoyo también pueden ser eficaces para promover la salud mental y el bienestar en el lugar de trabajo. Estas intervenciones pueden incluir programas de asistencia a los empleados, capacitación en salud mental para gerentes y compañeros de trabajo, y grupos de apoyo entre pares. Los programas de asistencia a los empleados suelen proporcionar asesoramiento confidencial y servicios de referencia a los empleados que están experimentando problemas de salud mental u otros problemas personales. La capacitación en salud mental para gerentes y compañeros de trabajo puede ayudar a promover la conciencia y reducir el estigma en torno a las condiciones de salud mental, mientras que los grupos de apoyo entre pares pueden proporcionar a las personas una red de apoyo y comprensión de colegas que también están manejando las condiciones de salud mental.

Los empleadores también pueden desempeñar un papel en la promoción de la salud mental y el bienestar en el lugar de trabajo creando una cultura de apertura y apoyo. Esto puede incluir proporcionar educación y recursos sobre las condiciones de salud mental, promover el equilibrio entre el trabajo y la vida personal y fomentar la comunicación abierta entre los gerentes y los empleados. Los empleadores también pueden trabajar con los empleados para crear planes individualizados para el manejo de las condiciones de salud mental, que pueden incluir adaptaciones en el lugar de trabajo e intervenciones de apoyo.

Es importante tener en cuenta que las adaptaciones en el lugar de trabajo y las intervenciones de apoyo siempre deben adaptarse a las necesidades individuales del empleado. Los empleadores deben trabajar con los empleados y los proveedores de atención médica para desarrollar un plan que aborde las necesidades y desafíos específicos del individuo, y deben asegurarse de que las adaptaciones sean razonables y no suban una carga indebida a la organización.

En conclusión, los ajustes en el lugar de trabajo y las intervenciones de apoyo pueden ser eficaces en el tratamiento y manejo de un comportamiento anormal en el lugar de trabajo. Al crear un entorno de trabajo inclusivo y de apoyo que promueva la salud mental y el bienestar de todos los empleados, los empleadores pueden ayudar a reducir el impacto negativo de las condiciones de salud mental en la productividad, el rendimiento y la cultura del lugar de trabajo.

Resolución de Conflictos y Mediación

La resolución de conflictos y la mediación pueden ser herramientas eficaces en el tratamiento y la gestión de comportamientos anormales en el lugar de trabajo. Los conflictos pueden surgir en cualquier lugar de trabajo, y los conflictos no resueltos pueden conducir a un aumento del estrés, una disminución de la productividad y efectos negativos en la cultura del lugar de trabajo. La resolución de conflictos y la mediación tienen como objetivo abordar estos problemas promoviendo la comunicación abierta, la colaboración y el entendimiento entre los compañeros de trabajo.

La resolución de conflictos implica un proceso de identificación, abordaje y resolución de conflictos entre individuos o grupos en el lugar de trabajo. Esto puede incluir conflictos relacionados con la comunicación, las tareas de trabajo, las relaciones interpersonales u otros problemas. La resolución de conflictos suele involucrar a un mediador externo que ayuda a facilitar la comunicación y negociar una solución al conflicto. El mediador puede trabajar con individuos o grupos para identificar las causas fundamentales del conflicto, explorar posibles soluciones y desarrollar un plan para avanzar.

La mediación es un proceso similar a la resolución de conflictos, pero normalmente implica un proceso más formal de negociación y resolución de disputas. La mediación se puede utilizar en situaciones en las que los conflictos se han intensificado y se puede requerir una acción legal formal. Un mediador capacitado trabajará con individuos o grupos para identificar los problemas en cuestión, explorar posibles soluciones y negociar una solución al conflicto. El mediador también puede ayudar a establecer directrices para futuras interacciones para evitar que surjan conflictos similares.

La resolución de conflictos y la mediación pueden ser eficaces para promover la armonía en el lugar de trabajo y reducir los efectos negativos del comportamiento anormal. Estos enfoques pueden ayudar a las personas a comunicarse de manera más efectiva, construir relaciones más fuertes con los compañeros de trabajo y desarrollar estrategias para gestionar los conflictos en el futuro. Al promover la comunicación abierta y la colaboración, la resolución de conflictos y la mediación pueden ayudar a reducir el estrés, mejorar la satisfacción laboral y promover una cultura positiva en el lugar de trabajo.

Es importante tener en cuenta que la resolución de conflictos y la mediación siempre deben abordarse de manera justa e imparcial. El mediador debe estar capacitado en la resolución de conflictos y no tener ningún interés personal en el resultado del conflicto. Además, todas las partes involucradas en el conflicto deben tener la misma oportunidad de participar en el proceso y hacer que se escuchen sus voces.

En conclusión, la resolución de conflictos y la mediación pueden ser herramientas eficaces en el tratamiento y la gestión de comportamientos anormales en el lugar de trabajo. Estos enfoques promueven la comunicación abierta, la colaboración y la comprensión entre los compañeros de trabajo, y pueden ayudar a reducir los efectos negativos de los conflictos en el lugar de trabajo. Los empleadores pueden apoyar la resolución de conflictos y la mediación proporcionando capacitación y recursos a los empleados, estableciendo políticas y procedimientos claros de resolución de conflictos y trabajando con mediadores externos para abordar conflictos más complejos.

Prevención de la Violencia en el Lugar de Trabajo y Gestión de Crisis

La violencia en el lugar de trabajo es un problema grave que puede surgir de un comportamiento anormal en el lugar de trabajo. Si bien no siempre es posible predecir o prevenir incidentes violentos, los empleadores pueden tomar medidas para minimizar el riesgo de violencia en el lugar de trabajo y garantizar un entorno de trabajo seguro para todos los empleados. La prevención de la violencia en el lugar de trabajo y la gestión de crisis son componentes importantes del tratamiento y la gestión del comportamiento anormal en el lugar de trabajo.

Un aspecto clave de la prevención de la violencia en el trabajo es el desarrollo de un programa integral de prevención de la violencia en el lugar de trabajo. Este programa debe incluir políticas y procedimientos para identificar y denunciar amenazas potenciales, capacitación para los empleados sobre el reconocimiento y la respuesta a la violencia en el lugar de trabajo y estrategias para reducir las situaciones potencialmente peligrosas. El programa también debe esbozar protocolos claros para responder a incidentes violentos, incluidos los procedimientos de denuncia, los planes de gestión de crisis y los protocolos de respuesta de emergencia.

Además de un programa de prevención, los empleadores también deben implementar intervenciones de apoyo para abordar el comportamiento anormal en el lugar de trabajo. Esto puede incluir servicios de asesoramiento o terapia para empleados que puedan estar experimentando estrés o angustia emocional, así como capacitación y apoyo para gerentes y supervisores para identificar y responder a posibles signos de advertencia de violencia.

La gestión de crisis también es un componente importante de la prevención de la violencia en el lugar de trabajo. En caso de un incidente violento, los empleadores deben tener un plan de gestión de crisis para garantizar la seguridad de los empleados y minimizar el impacto del incidente en el lugar de trabajo. Esto puede incluir protocolos para contactar con los servicios de emergencia, evacuar el edificio y proporcionar apoyo a los empleados afectados.

Los empleadores también pueden considerar la implementación de medidas de seguridad física para prevenir la violencia en el lugar de trabajo. Esto puede incluir el uso de cámaras de seguridad, sistemas de control de acceso y otras medidas para limitar el acceso a áreas sensibles del lugar de trabajo. Los empleadores también pueden considerar capacitar a los empleados en técnicas de autodefensa o proporcionar personal de seguridad para responder a posibles amenazas.

En conclusión, la prevención de la violencia en el lugar de trabajo y la gestión de crisis son componentes importantes del tratamiento y la gestión del comportamiento anormal en el lugar de trabajo. Al desarrollar un programa integral de prevención de la violencia en el lugar de trabajo, implementar intervenciones de apoyo e implementar medidas de seguridad física, los empleadores pueden minimizar el riesgo de violencia en el lugar de trabajo y garantizar un entorno de trabajo seguro para todos los empleados. Los empleadores también deben proporcionar capacitación y recursos para los empleados sobre cómo reconocer y responder a las amenazas potenciales, así como servicios de apoyo y asesoramiento para los empleados que puedan estar experimentando estrés o angustia emocional.

CAPÍTULO 6

ESTRATEGIAS DE PREVENCIÓN E INTERVENCIÓN

Las estrategias de prevención e intervención son esenciales para abordar el comportamiento anormal en el lugar de trabajo. Al identificar posibles señales de advertencia de comportamiento anormal e intervenir temprano, los empleadores pueden ayudar a prevenir resultados negativos como la disminución de la productividad, el aumento de la rotación y la violencia en el lugar de trabajo. Estas son algunas estrategias de prevención e intervención que los empleadores pueden implementar:

Promover una cultura positiva en el lugar de trabajo: una cultura positiva en el lugar de trabajo puede ayudar a prevenir comportamientos anormales al promover la comunicación abierta, el respeto y la comprensión mutua entre los empleados. Los empleadores pueden promover una cultura positiva alentando la retroalimentación de los empleados, proporcionando capacitación sobre resolución de conflictos y habilidades de comunicación, y reconociendo y recompensando el comportamiento positivo.

Proporcionar recursos de salud mental: los empleadores deben proporcionar recursos de salud mental, como servicios de asesoramiento o terapia, a los empleados que puedan estar experimentando estrés o angustia emocional. Esto puede ayudar a prevenir un comportamiento anormal al abordar las causas profundas del estrés y proporcionar a los empleados las herramientas y los recursos para controlar su salud mental.

Capacitar a los gerentes y supervisores: Los gerentes y supervisores deben estar capacitados para reconocer posibles signos de advertencia de comportamiento anormal, como cambios en el comportamiento, ausentismo o problemas de rendimiento. También deben estar capacitados para intervenir temprano y proporcionar apoyo a los empleados que puedan estar experimentando estrés o angustia emocional.

Implementar un programa de asistencia a los empleados: Un programa de asistencia a los empleados (EAP) puede proporcionar a los empleados servicios confidenciales de asesoramiento y apoyo para una serie de problemas, como la salud mental, el abuso de sustancias y los problemas personales. Esto puede ayudar a prevenir un comportamiento anormal al proporcionar a los empleados los recursos que necesitan para gestionar su vida personal y profesional.

Desarrollar un programa de prevención de la violencia en el lugar de trabajo: Un programa de prevención de la violencia en el lugar de trabajo debe incluir políticas y procedimientos para identificar y denunciar posibles amenazas, capacitación para los empleados sobre el reconocimiento y la respuesta a la violencia en el lugar de trabajo, y estrategias para reducir la escalada de situaciones potencialmente peligrosas. También debe esbozar protocolos claros para responder a incidentes violentos, incluidos los procedimientos de denuncia, los planes de gestión de crisis y los protocolos de respuesta de emergencia.

Llevar a cabo evaluaciones de riesgo periódicas: los empleadores deben llevar a cabo evaluaciones de riesgo periódicas para identificar posibles fuentes de estrés o conflicto en el lugar de trabajo, como las demandas laborales, los conflictos interpersonales o el cambio organizativo. Esto puede ayudar a prevenir un comportamiento anormal al identificar posibles fuentes de estrés e implementar estrategias para mitigar estos riesgos.

Fomentar la participación de los empleados: Los empleadores deben fomentar la participación de los empleados en el desarrollo y la implementación de estrategias de prevención e intervención. Esto puede ayudar a garantizar que las estrategias sean efectivas y respondan a las necesidades de los empleados.

En conclusión, las estrategias de prevención e intervención son esenciales para abordar el comportamiento anormal en el lugar de trabajo. Al promover una cultura positiva en el lugar de trabajo, proporcionar recursos de salud mental, capacitar a gerentes y supervisores, implementar un programa de asistencia a los empleados, desarrollar un programa de prevención de la violencia en el lugar de trabajo, realizar evaluaciones regulares de riesgos y fomentar la participación de los empleados, los empleadores pueden ayudar a prevenir los resultados negativos asociados con un comportamiento anormal y garantizar un entorno de trabajo

Programas de Bienestar en el Lugar de Trabajo y Programas de Asistencia al Empleado (PAE)

Los programas de bienestar en el lugar de trabajo y los programas de asistencia a los empleados (EAP) son dos tipos de iniciativas que pueden promover la salud y el bienestar de los empleados. Si bien son diferentes en enfoque y enfoque, ambos tienen como objetivo apoyar a los empleados en la gestión de su salud física y mental, y en la mejora de su calidad de vida.

Programas de bienestar en el lugar de trabajo

Los programas de bienestar en el lugar de trabajo generalmente se centran en promover comportamientos y estilos de vida saludables entre los empleados. Estos programas a menudo incluyen actividades como exámenes de salud, desafíos de acondicionamiento físico, iniciativas de alimentación saludable, programas de reducción del estrés y programas para dejar de fumar. El objetivo de estos programas es prevenir enfermedades crónicas y reducir los costos de atención médica, al tiempo que mejora la productividad y la satisfacción de los empleados.

Algunos componentes comunes de los programas de bienestar en el lugar de trabajo incluyen:

Pruebas de salud: Estas pueden incluir pruebas biométricas, como pruebas de presión arterial, colesterol y glucosa, así como pruebas de detección de cáncer y otras pruebas de diagnóstico.

Desafíos de acondicionamiento físico: estos pueden incluir desafíos de pasos, desafíos de pérdida de peso y clases de acondicionamiento físico en grupo.

Iniciativas de alimentación saludable: Estas pueden incluir opciones de alimentos saludables en la cafetería o máquinas expendedoras del lugar de trabajo, así como programas de educación nutricional.

Programas de reducción del estrés: estos pueden incluir meditación de atención plena, yoga y otras técnicas de relajación.

Programas para dejar de fumar: Estos pueden incluir programas para dejar de fumar, terapia de reemplazo de nicotina y asesoramiento.

Al promover comportamientos y estilos de vida saludables, los programas de bienestar en el lugar de trabajo pueden ayudar a prevenir las enfermedades crónicas, reducir los costos de atención médica y mejorar el bienestar de los empleados.

Programas de Asistencia al Empleado (EAP)

Los programas de asistencia a los empleados (PAE) están diseñados para apoyar a los empleados que pueden estar experimentando problemas personales o profesionales que están afectando su salud mental, productividad o satisfacción laboral. Los PAE suelen ofrecer servicios confidenciales de asesoramiento y derivación para una serie de cuestiones, como la salud mental, el abuso de sustancias, los problemas financieros y los problemas personales.

Algunos componentes comunes de los PAE incluyen:

Asesoramiento confidencial: Esto puede incluir asesoramiento individual, grupal o familiar para una serie de problemas, como la ansiedad, la depresión, los problemas de relación y el abuso de sustancias.

Servicios de referencia: los PAE pueden remitir a los empleados a otros recursos, como proveedores de salud mental, servicios legales, asesoramiento financiero y recursos comunitarios.

Intervención en crisis: los PAE pueden proporcionar apoyo inmediato a los empleados que experimentan una crisis, como un evento traumático o violencia en el lugar de trabajo.

Programas de equilibrio entre el trabajo y la vida personal: los PAE pueden ofrecer recursos y apoyo para gestionar el equilibrio entre el trabajo y la vida privada, como arreglos de trabajo flexibles, servicios de cuidado de niños y servicios de cuidado de ancianos.

Al proporcionar servicios confidenciales de asesoramiento y apoyo para una serie de cuestiones personales y profesionales, los PAE pueden ayudar a los empleados a manejar el estrés y la angustia emocional, y mejorar su bienestar general.

En conclusión, los programas de bienestar en el lugar de trabajo y los programas de asistencia a los empleados son dos tipos de iniciativas que pueden promover la salud y el bienestar de los empleados. Mientras que los programas de bienestar en el lugar de trabajo se centran en promover comportamientos y estilos de vida saludables, los EAP se centran en proporcionar asesoramiento confidencial y servicios de apoyo para problemas personales y profesionales. Al implementar estas iniciativas, los empleadores pueden ayudar a mejorar la productividad, la satisfacción y el bienestar general de los empleados.

Estrategias de Prevención e Intervención Temprana

Las estrategias de prevención e intervención temprana son fundamentales para abordar los comportamientos anormales en el lugar de trabajo. Estas estrategias tienen como objetivo identificar los posibles problemas desde el principio y evitar que se conviertan en problemas más graves que puedan afectar negativamente al lugar de trabajo y a sus empleados. Al abordar los problemas potenciales antes de que se conviertan en problemas importantes, los empleadores pueden crear un lugar de trabajo seguro y saludable para todos los empleados.

Aquí hay algunas estrategias de prevención e intervención temprana que los empleadores pueden implementar:

Políticas y procedimientos claros: Los empleadores deben tener políticas y procedimientos claros que describan el comportamiento esperado en el lugar de trabajo. Estas políticas deben abordar cuestiones como el acoso, la discriminación, la violencia en el lugar de trabajo y el abuso de sustancias. Al establecer expectativas claras de comportamiento, los empleadores pueden ayudar a evitar que surjan posibles problemas.

Formación y educación: Los empleadores deben proporcionar formación y educación periódicas sobre temas como la comunicación, la resolución de conflictos, la diversidad y la inclusión, y la concienciación sobre la salud mental. Al educar a los empleados sobre estos temas, los empleadores pueden promover una cultura de respeto, comprensión e inclusión.

Apoyo a los empleados: Los empleadores deben proporcionar a los empleados servicios de apoyo, como un programa de asistencia a los empleados (EAP), para ayudarles a gestionar los problemas personales y profesionales que puedan estar afectando a su trabajo. Al proporcionar a los empleados acceso a servicios confidenciales de asesoramiento y referencia, los empleadores pueden ayudar a evitar que los problemas se conviertan en problemas más graves.

Adaptaciones en el lugar de trabajo: Los empleadores deben proporcionar adaptaciones en el lugar de trabajo, como arreglos de trabajo flexibles y modificaciones en el trabajo, a los empleados que puedan estar experimentando problemas de salud mental o física que afectan su trabajo. Al proporcionar adaptaciones, los empleadores pueden ayudar a los empleados a manejar sus problemas de salud mientras se mantienen productivos y comprometidos en su trabajo.

Intervención temprana: los empleadores deben tener mecanismos establecidos para identificar los posibles problemas desde el principio e intervenir antes de que se vuelvan más graves. Esto puede incluir comprobaciones periódicas con los empleados, mecanismos de denuncia anónimos y evaluaciones periódicas de la cultura y el clima en el lugar de trabajo.

Cultura de apoyo en el lugar de trabajo: Los empleadores deben promover una cultura de apoyo en el lugar de trabajo que valore la comunicación abierta, la colaboración y el respeto mutuo. Al promover una cultura positiva y de apoyo en el lugar de trabajo, los empleadores pueden ayudar a evitar que surjan problemas potenciales y crear un lugar de trabajo seguro y saludable para todos los empleados.

Al implementar estas estrategias de prevención e intervención temprana, los empleadores pueden crear un lugar de trabajo que sea seguro, saludable y productivo para todos los empleados. Al promover una cultura de respeto, comprensión e inclusión, los empleadores pueden ayudar a evitar que surjan posibles problemas y crear un lugar de trabajo donde los empleados se sientan valorados y apoyados.

Intervenciones Organizativas y de Sistema

Las intervenciones organizativas y a nivel de sistema son importantes para abordar el comportamiento anormal en el lugar de trabajo. Estas intervenciones tienen como objetivo abordar los problemas sistémicos que pueden contribuir a un comportamiento anormal y crear un entorno de trabajo más saludable y solidario para todos los empleados.

Aquí hay algunas intervenciones organizativas y a nivel de sistema que los empleadores pueden implementar:

Cambio cultural: los empleadores deben trabajar para promover una cultura positiva en el lugar de trabajo que valore el respeto, la comunicación y la colaboración. Esto puede incluir capacitación y educación sobre temas como la diversidad y la inclusión, la resolución de conflictos y las habilidades de comunicación.

Desarrollo del liderazgo: Los empleadores deben invertir en programas de desarrollo del liderazgo que ayuden a los gerentes y supervisores a comprender mejor su papel en la creación de un entorno de trabajo positivo. Esto puede incluir capacitación sobre temas como la inteligencia emocional, la comunicación efectiva y la resolución de conflictos.

Gestión del rendimiento: Los empleadores deben tener sistemas eficaces de gestión del rendimiento que proporcionen a los empleados comentarios regulares sobre su rendimiento y les ayuden a establecer y alcanzar objetivos. Esto puede ayudar a evitar que surjan problemas potenciales al abordar los problemas de rendimiento desde el principio.

Compromiso de los empleados: Los empleadores deben trabajar para involucrar activamente a los empleados en el lugar de trabajo y solicitar su opinión sobre las políticas y procedimientos de la organización. Esto puede incluir encuestas periódicas y grupos de discusión para recopilar comentarios de los empleados.

Programas de bienestar: los empleadores deben implementar programas de bienestar que promuevan la salud y el bienestar de los empleados. Esto puede incluir programas como membresías de gimnasio, recursos de salud mental y opciones de alimentos saludables en el lugar de trabajo.

Acuerdos de trabajo flexibles: Los empleadores deben ofrecer arreglos de trabajo flexibles que permitan a los empleados gestionar su equilibrio entre el trabajo y la vida privada. Esto puede incluir opciones como el teletrabajo, la programación flexible y el trabajo compartido.

Mecanismos de denuncia anónimos: Los empleadores deben tener mecanismos de denuncia anónimos que permitan a los empleados denunciar posibles problemas sin temor a represalias. Esto puede ayudar a evitar que los problemas potenciales se intensifiquen al permitir que los empleados informen de sus preocupaciones desde el principio.

Al implementar estas intervenciones a nivel de organización y sistema, los empleadores pueden crear un entorno de trabajo más saludable y más solidario que promueva el bienestar de los empleados y evite que surjan posibles problemas. Al abordar los problemas sistémicos que pueden contribuir a un comportamiento anormal, los empleadores pueden crear un lugar de trabajo seguro, saludable y productivo para todos los empleados.

Desarrollar la Resiliencia y Promover el Bienestar en el Lugar de Trabajo

Construir resiliencia y promover el bienestar en el lugar de trabajo es importante para prevenir y manejar comportamientos anormales. La resiliencia es la capacidad de adaptarse al cambio y hacer frente a los desafíos, mientras que promover el bienestar implica apoyar la salud física, emocional y social de los empleados. Al centrarse en estas áreas, los empleadores pueden crear un entorno de trabajo que sea más positivo y de apoyo, lo que conduzca a un aumento de la productividad, la satisfacción de los empleados y la retención.

Estas son algunas de las estrategias que los empleadores pueden utilizar para aumentar la resiliencia y promover el bienestar en el lugar de trabajo:

Dar prioridad a la salud mental: los empleadores deben dar prioridad a la salud mental ofreciendo recursos como los Programas de Asistencia a los Empleados (PAE), días de salud mental y acceso a servicios de asesoramiento. Los empleadores también pueden proporcionar capacitación sobre la gestión del estrés y las técnicas de creación de resiliencia.

Fomentar las conexiones sociales: Los empleadores deben fomentar las conexiones sociales entre los empleados promoviendo actividades de creación de equipos, ofreciendo oportunidades de socialización y creando una cultura de trabajo de apoyo que valore la colaboración y el trabajo en equipo.

Apoyar la salud física: Los empleadores deben apoyar la salud física ofreciendo recursos como membresías en el gimnasio, opciones de alimentos saludables y oportunidades para hacer ejercicio. Los empleadores también pueden ofrecer programas de bienestar que promuevan hábitos saludables y cambios en el estilo de vida.

Fomentar el equilibrio entre el trabajo y la vida personal: los empleadores deben fomentar el equilibrio entre el trabajo y la vida privada ofreciendo arreglos de trabajo flexibles y estableciendo expectativas realistas para las cargas de trabajo y los plazos. Los empleadores también pueden proporcionar recursos como servicios de cuidado de niños y apoyo para el cuidado de ancianos para ayudar a los empleados a gestionar sus responsabilidades personales.

Fomentar una cultura de trabajo positiva: Los empleadores deben fomentar una cultura de trabajo positiva que valore la comunicación abierta, la transparencia y la inclusión. Los empleadores también pueden reconocer y recompensar a los empleados por sus contribuciones, creando una sensación de aprecio y reconocimiento.

Proporcionar oportunidades de capacitación y desarrollo: Los empleadores deben proporcionar oportunidades de capacitación y desarrollo que ayuden a los empleados a desarrollar nuevas habilidades, desarrollarse profesionalmente y avanzar en sus carreras. Esto puede aumentar la satisfacción laboral y mejorar la retención de los empleados.

Fomentar el autocuidado: Los empleadores deben fomentar el autocuidado promoviendo hábitos saludables como la atención plena, la meditación y la autorreflexión. Los empleadores también pueden ofrecer recursos como guías de autocuidado y talleres para ayudar a los empleados a manejar el estrés y mejorar su bienestar general.

Al implementar estas estrategias, los empleadores pueden crear resiliencia y promover el bienestar en el lugar de trabajo, creando un entorno de trabajo más positivo para todos los empleados. Al priorizar la salud física, emocional y social de los empleados, los empleadores pueden prevenir y gestionar comportamientos anormales y promover una cultura de productividad, colaboración y éxito.

CAPÍTULO 7

TEMAS ESPECIALES SOBRE EL COMPORTAMIENTO ANORMAL EN EL LUGAR DE TRABAJO

El comportamiento anormal en el lugar de trabajo puede ocurrir en muchos contextos diferentes, incluyendo el liderazgo y la gestión, los equipos y la colaboración, el servicio al cliente y las ventas, e incluso en el contexto del trabajo remoto y el teletrabajo. Cada una de estas áreas presenta desafíos únicos cuando se trata de gestionar y tratar comportamientos anormales en el lugar de trabajo.

Comportamiento anormal en liderazgo y gestión:

El comportamiento anormal en el liderazgo y la gestión puede tener un impacto negativo significativo en la moral de los empleados, la productividad y la cultura de la organización en general. Este tipo de comportamiento puede manifestarse de muchas maneras diferentes, como la microgestión, los estilos de liderazgo abusivos o tóxicos y el favoritismo.

La gestión efectiva del comportamiento anormal en el liderazgo y la gestión requiere un enfoque multifacético, que incluye el establecimiento de expectativas y directrices claras para el comportamiento, el suministro de comentarios y entrenamiento regulares, y la implementación de consecuencias para el comportamiento inapropiado. También puede ser necesario proporcionar oportunidades de capacitación y desarrollo para que los gerentes y líderes mejoren sus habilidades interpersonales y de liderazgo.

Comportamiento anormal en equipos y colaboración:

En los entornos de equipo, el comportamiento anormal puede conducir a conflictos, reducción de la productividad y mala comunicación. Esto puede incluir comportamientos como la comunicación pasivo-agresiva, el acoso y el conflicto interpersonal.

Para abordar el comportamiento anormal en los equipos y la colaboración, es importante establecer protocolos de comunicación claros, establecer expectativas de comportamiento y proporcionar capacitación y apoyo para la resolución de conflictos y la comunicación efectiva. Las actividades de trabajo en equipo y la retroalimentación regular también pueden ser útiles para promover una comunicación y colaboración saludables.

Comportamiento anormal en el servicio al cliente y las ventas:

En los roles de cara al cliente, el comportamiento anormal puede tener un impacto negativo significativo en la satisfacción del cliente y la reputación de la marca. Esto puede incluir comportamientos como grosería, impaciencia y hostilidad.

Para abordar el comportamiento anormal en las funciones de servicio al cliente y ventas, es importante proporcionar capacitación y apoyo para la comunicación efectiva, la resolución de conflictos y la gestión del estrés. También puede ser necesario establecer expectativas y consecuencias claras para un comportamiento inapropiado, y proporcionar retroalimentación y entrenamiento regulares.

Comportamiento anormal en el trabajo remoto y el teletrabajo:

El trabajo a distancia y el teletrabajo pueden presentar desafíos únicos cuando se trata de manejar un comportamiento anormal en el lugar de trabajo. Esto puede incluir cuestiones como el aislamiento social, la falta de comunicación y la dificultad para establecer expectativas y límites claros.

Para abordar el comportamiento anormal en los entornos de trabajo remoto y teletrabajo, es importante establecer protocolos de comunicación claros, establecer expectativas de comportamiento y proporcionar capacitación y apoyo para la comunicación efectiva y la gestión del estrés. Los cheques y comentarios regulares también pueden ser útiles para promover una comunicación y una colaboración saludables.

En general, el manejo de comportamientos anormales en el lugar de trabajo requiere un enfoque multifacético que implique establecer expectativas claras, proporcionar capacitación y apoyo, e implementar consecuencias para un comportamiento inapropiado. Al tomar un enfoque proactivo para abordar el comportamiento anormal, las organizaciones pueden promover una cultura de lugar de trabajo saludable y productiva y apoyar el bienestar de sus empleados.

Comportamiento Anormal en el Liderazgo y la Gestión

El comportamiento anormal en el liderazgo y la gestión puede tener un impacto significativo en el funcionamiento general de una organización. La forma en que los líderes y gerentes se comportan e interactúan con los empleados puede marcar la pauta de toda la cultura del lugar de trabajo. Cuando los líderes exhiben un comportamiento anormal, puede crear un entorno de trabajo tóxico que afecta negativamente a la moral, el compromiso y la productividad de los empleados.

Los ejemplos de comportamiento anormal en el liderazgo y la gestión incluyen la microgestión, la falta de transparencia, el favoritismo, las prácticas discriminatorias, la volatilidad emocional y el comportamiento abusivo. Estos comportamientos pueden resultar en una baja satisfacción de los empleados, altas tasas de rotación y una falta de confianza en el liderazgo.

La microgestión es un comportamiento anormal común en el liderazgo y la gestión que puede ser perjudicial para el bienestar de los empleados y el éxito de la organización. Los microgerentes tienden a ser excesivamente controladores, monitoreando constantemente el trabajo de sus empleados e interfiriendo con su capacidad para hacer su trabajo de manera efectiva. Este comportamiento puede crear una falta de autonomía para los empleados y aumentar los niveles de estrés, lo que lleva al agotamiento.

Otro comportamiento anormal en el liderazgo y la gestión es la falta de transparencia. Los líderes que ocultan información, evitan la comunicación o proporcionan mensajes inconsistentes pueden crear confusión y desconfianza entre los empleados. Esto puede resultar en una disminución de la motivación y el compromiso entre los empleados, así como en una falta de confianza en el liderazgo.

Las prácticas discriminatorias, ya sean intencionales o no intencionales, pueden crear un entorno de trabajo hostil y provocar repercusiones legales. Los líderes que participan en un comportamiento discriminatorio, como el favoritismo o la exclusión basada en la raza, el género, la edad u otros factores, pueden afectar negativamente la moral y la productividad de los empleados.

La volatilidad emocional y el comportamiento abusivo también pueden ser frecuentes en el liderazgo y la gestión. Los líderes que gritan, menosprecian o insultan a sus empleados pueden crear una cultura de miedo y ansiedad, lo que lleva a altos niveles de rotación y una reputación negativa para la organización.

Para abordar el comportamiento anormal en el liderazgo y la gestión, las organizaciones pueden implementar programas de capacitación y desarrollo que se centren en la inteligencia emocional, la comunicación efectiva y la resolución de conflictos. Las organizaciones también pueden establecer políticas y procedimientos claros para denunciar y abordar el comportamiento abusivo, asegurando que los líderes que participan en dicho comportamiento sean responsables de sus acciones.

En conclusión, el comportamiento anormal en el liderazgo y la gestión puede tener impactos negativos significativos en la cultura del lugar de trabajo, el bienestar de los empleados y el éxito de la organización. Al identificar y abordar estos comportamientos, las organizaciones pueden promover un entorno de trabajo saludable y productivo, lo que conduce a un mayor compromiso de los empleados y a una reputación organizacional más positiva.

Comportamiento Anormal en Equipos y Colaboración

Los equipos y la colaboración son esenciales para el éxito de muchas empresas y organizaciones. Sin embargo, cuando el comportamiento anormal está presente en los equipos y la colaboración, puede tener un impacto negativo significativo en la productividad, la moral y la dinámica del equipo.

Un tipo de comportamiento anormal que puede ocurrir en los equipos y la colaboración es la agresión. El comportamiento agresivo puede manifestarse como abuso verbal, violencia física o comportamiento amenazante hacia los miembros del equipo. Este tipo de comportamiento puede hacer que los miembros del equipo se sientan intimidados y temerosos, lo que puede llevar a una ruptura en la comunicación y la colaboración. Además, la agresión puede crear un ambiente de trabajo tóxico y tener un impacto negativo en la moral del equipo.

Otro tipo de comportamiento anormal que puede afectar a los equipos y a la colaboración es el narcisismo. Las personas narcisistas pueden priorizar sus propias necesidades e intereses por encima de las necesidades e intereses del equipo. También pueden mostrar una falta de empatía y desprecio por los sentimientos de los demás, lo que puede hacer que los miembros del equipo se sientan infravalorados y irrespetuosos. El comportamiento narcisista también puede conducir a conflictos y tensión dentro del equipo, ya que otros miembros del equipo pueden sentirse frustrados con el egocentrismo del individuo.

Además, los trastornos de la personalidad, como el trastorno límite de la personalidad y el trastorno antisocial de la personalidad, pueden afectar la dinámica y la colaboración del equipo. Las personas con estos trastornos pueden tener dificultades para mantener relaciones saludables con los demás, lo que lleva a conflictos y malentendidos dentro del equipo. También pueden luchar con la regulación emocional, lo que puede conducir a arrebatos u otros comportamientos disruptivos en el lugar de trabajo.

Para gestionar y abordar eficazmente el comportamiento anormal en los equipos y la colaboración, es importante que los empleadores y los líderes de equipo proporcionen apoyo y recursos a los miembros del equipo. Esto puede incluir capacitación en resolución de conflictos y habilidades de comunicación, así como proporcionar acceso a servicios de asesoramiento o terapia. También es esencial establecer directrices y expectativas claras para el comportamiento dentro del equipo, y abordar cualquier caso de comportamiento anormal de manera rápida y adecuada.

Fomentar una cultura de apertura y colaboración también puede ayudar a mitigar los impactos del comportamiento anormal en los equipos. Esto puede incluir la promoción de la transparencia, el fomento de la comunicación y la retroalimentación abiertas, y el fomento de un entorno de confianza y respeto. Además, fomentar un equilibrio positivo entre el trabajo y la vida privada y proporcionar oportunidades para que los miembros del equipo participen en actividades de creación de equipos puede ayudar a promover una dinámicas de equipo saludables y prevenir la aparición de un comportamiento anormal en el lugar de trabajo.

En conclusión, el comportamiento anormal en los equipos y la colaboración puede tener un impacto negativo significativo en la productividad, la moral y la dinámica del equipo. Es importante que los empleadores y los líderes de equipo tomen medidas proactivas para abordar y gestionar el comportamiento anormal, incluida la prestación de apoyo y recursos a los miembros del equipo y el fomento de una cultura de apertura y colaboración. Al tomar estas medidas, las organizaciones pueden promover una dinámica de equipo saludable y productiva, lo que conduce a un mayor éxito y satisfacción en el lugar de trabajo.

Comportamiento Anormal en el Servicio al Cliente y las Ventas

El comportamiento anormal en el servicio al cliente y las ventas puede tener consecuencias negativas significativas tanto para los empleados como para la organización en su conjunto. Este tipo de comportamiento puede incluir agresión, grosería y falta de empatía hacia los clientes. También puede manifestarse como una falta de atención al detalle, malas habilidades de comunicación y una incapacidad para manejar a los clientes difíciles.

Uno de los impactos más significativos de un comportamiento anormal en el servicio al cliente y las ventas es la disminución de la satisfacción del cliente. Es poco probable que los clientes que reciben un mal trato o que sienten que sus necesidades no se están satisfaciendo regresen a la empresa para futuras compras o servicios. También pueden compartir sus experiencias negativas con otros, lo que resulta en publicidad negativa de boca en boca para la organización.

Además de afectar la satisfacción del cliente, el comportamiento anormal en el servicio al cliente y las ventas también puede conducir a un mayor estrés y agotamiento para los empleados. Tratar con clientes difíciles puede ser emocionalmente agotador, y si los empleados se sienten sin apoyo o incapaces de manejar las situaciones que encuentran, pueden desvincularse o incluso renunciar a su trabajo.

Para prevenir y abordar el comportamiento anormal en el servicio al cliente y las ventas, las organizaciones pueden implementar varias estrategias. En primer lugar, pueden proporcionar capacitación y apoyo a los empleados para ayudarles a desarrollar habilidades efectivas de comunicación y resolución de conflictos. Esto puede incluir capacitación sobre cómo reducir las situaciones con clientes difíciles, cómo escuchar activamente las preocupaciones de los clientes y cómo responder con empatía.

Las organizaciones también pueden establecer políticas y procedimientos claros para tratar con clientes difíciles, incluyendo pautas sobre cuándo involucrar a un supervisor o gerente. Al proporcionar a los empleados una hoja de ruta clara para manejar situaciones difíciles, pueden sentirse más seguros y empoderados en sus funciones.

Por último, las organizaciones pueden priorizar el bienestar de los empleados proporcionando acceso a recursos como programas de asesoramiento y gestión del estrés. Al apoyar la salud mental y emocional de los empleados, las organizaciones pueden reducir la probabilidad de agotamiento y rotación, y promover una cultura laboral más positiva y empática.

En resumen, el comportamiento anormal en el servicio al cliente y las ventas puede tener consecuencias negativas significativas tanto para los clientes como para los empleados. Sin embargo, las organizaciones pueden tomar medidas para prevenir y abordar este comportamiento proporcionando capacitación y apoyo a los empleados, estableciendo políticas y procedimientos claros y priorizando el bienestar de los empleados. Al promover una cultura de empatía y profesionalismo, las organizaciones pueden mejorar la satisfacción del cliente, el compromiso de los empleados y el éxito general del negocio.

Comportamiento Anormal en el Trabajo Remoto y el Teletrabajo

La pandemia de COVID-19 ha llevado a un aumento en el trabajo a distancia y el teletrabajo, con muchos empleados obligados a trabajar desde casa debido a problemas de seguridad. Si bien el trabajo a distancia tiene varios beneficios, como una mayor flexibilidad y una reducción del tiempo de desplazamiento, también presenta desafíos únicos para los empleados y las organizaciones, incluido el potencial de un comportamiento anormal.

El comportamiento anormal en el trabajo a distancia y el teletrabajo puede tomar muchas formas, incluyendo el aislamiento social, la reducción de la comunicación y la falta de motivación. Trabajar desde casa puede provocar sentimientos de soledad y desconexión del lugar de trabajo, lo que puede tener un impacto negativo en la salud mental y el bienestar. Esto puede conducir a una disminución de la productividad laboral, un aumento del ausentismo y una reducción de la satisfacción laboral.

Otro desafío del trabajo a distancia es la falta de interacción cara a cara con colegas y gerentes. Esto puede dificultar que los gerentes supervisen el comportamiento y el rendimiento de los empleados, lo que puede llevar a que el comportamiento anormal pase desapercibido. También puede crear brechas de comunicación y malentendidos, lo que lleva a conflictos y a una disminución de la colaboración entre los miembros del equipo.

Además, el trabajo a distancia puede difuminar los límites entre el trabajo y la vida personal, lo que lleva a un mayor estrés y agotamiento. Puede ser un desafío mantener un equilibrio saludable entre el trabajo y la vida privada cuando el trabajo y las actividades personales tienen lugar en el mismo espacio físico. Esto puede llevar a que los empleados trabajen más horas y sientan que siempre están "en marcha", lo que puede exacerbar los problemas de salud mental existentes y conducir a un comportamiento anormal.

Para abordar el comportamiento anormal en el trabajo remoto y el teletrabajo, las organizaciones deben priorizar la comunicación, la colaboración y el apoyo a la salud mental. Los gerentes deben establecer comprobaciones periódicas con los empleados y utilizar la tecnología para mantener los canales de comunicación. También es importante promover los recursos de salud mental y animar a los empleados a tomarse un tiempo libre para priorizar el autocuidado.

La capacitación y la educación también pueden ser útiles para ayudar a los empleados y gerentes a adaptarse al trabajo a distancia y evitar comportamientos anormales. Esto puede incluir capacitación sobre estrategias de comunicación y colaboración, así como prácticas de concienciación sobre la salud mental y autocuidado.

En general, si bien el trabajo a distancia y el teletrabajo tienen muchos beneficios, también presentan desafíos únicos para los empleados y las organizaciones. Abordar el comportamiento anormal en el trabajo remoto requiere un enfoque proactivo y holístico, que incluya comunicación, colaboración y apoyo a la salud mental. Al priorizar estas áreas, las organizaciones pueden promover un entorno de trabajo remoto saludable y productivo.

CAPÍTULO 8

DIRECCIONES FUTURAS EN EL COMPORTAMIENTO ANORMAL EN EL LUGAR DE TRABAJO

El comportamiento anormal en el lugar de trabajo es un problema complejo que requiere la atención de varios campos, como la psicología, los recursos humanos, la gestión y el derecho. A medida que evoluciona nuestra comprensión del comportamiento anormal, también lo hace nuestra capacidad para prevenirlo, identificarlo y tratarlo en el lugar de trabajo. En los últimos años, ha habido un énfasis creciente en la importancia de abordar la salud mental y el bienestar en el lugar de trabajo, y se espera que esta tendencia continúe en el futuro.

Una dirección prometedora para el futuro es el desarrollo de intervenciones basadas en la tecnología para prevenir y gestionar el comportamiento anormal en el lugar de trabajo. Por ejemplo, muchas empresas están explorando el uso de herramientas digitales de salud mental, como aplicaciones y chatbots, para proporcionar apoyo y recursos a los empleados que pueden estar luchando con problemas de salud mental. Estas herramientas pueden proporcionar un fácil acceso a los recursos, ayudar a los empleados a realizar un seguimiento de sus síntomas y progreso, e incluso proporcionar recomendaciones de tratamiento personalizadas basadas en el análisis de datos.

Otra área de enfoque para el futuro es la integración de la salud mental en las políticas y prácticas del lugar de trabajo. Esto incluye el desarrollo de políticas integrales de salud mental, la capacitación de gerentes y empleados para reconocer y abordar los problemas de salud mental, y la creación de una cultura de apoyo y apertura en torno a la salud mental. A medida que se realizan más investigaciones sobre el impacto de la salud mental en el lugar de trabajo, las organizaciones son cada vez más conscientes de la necesidad de priorizar la salud mental y el bienestar de los empleados.

Por último, es importante continuar educando y capacitando a los profesionales de la salud mental, gerentes y empleados sobre los últimos desarrollos en el campo del comportamiento anormal en el lugar de trabajo. Esto incluye mantenerse al día sobre los hallazgos de la investigación, aprender sobre nuevas estrategias de intervención y comprender las consideraciones legales y éticas en torno a la salud mental en el lugar de trabajo.

En conclusión, aunque todavía queda mucho por hacer para abordar el comportamiento anormal en el lugar de trabajo, el futuro parece prometedor. A medida que nuestra comprensión de la salud mental y el bienestar continúa creciendo, también lo hace nuestra capacidad para prevenir, identificar y tratar comportamientos anormales en el lugar de trabajo. Al continuar invirtiendo en investigación, educación y tecnología, podemos crear un entorno de trabajo más saludable y productivo para todos los empleados.

Investigación Emergente Sobre el Comportamiento Anormal en el Lugar de Trabajo

El comportamiento anormal en el lugar de trabajo es un área de creciente preocupación para los empleadores, empleados e investigadores. A medida que los lugares de trabajo continúan evolucionando y adaptándose a los nuevos desafíos, como la pandemia de COVID-19 y el creciente uso de la tecnología en el lugar de trabajo, es importante mantenerse al día sobre las últimas investigaciones y tendencias relacionadas con el comportamiento anormal.

Un área emergente de investigación sobre el comportamiento anormal en el lugar de trabajo es el uso de la inteligencia artificial (IA) y el aprendizaje automático para detectar y prevenir el comportamiento anormal. Por ejemplo, algunas empresas están utilizando algoritmos de IA para analizar el comportamiento de los empleados e identificar patrones que pueden indicar estrés, agotamiento u otros comportamientos anormales. Esto puede permitir a los gerentes intervenir temprano y proporcionar apoyo antes de que el comportamiento se intensifique.

Otra área de investigación es el impacto de la diversidad y la inclusión en el lugar de trabajo en el comportamiento anormal. Los estudios han demostrado que la diversidad en el lugar de trabajo puede conducir a un aumento de la creatividad y la innovación, pero también puede crear tensiones y conflictos que pueden conducir a un comportamiento anormal. Los investigadores están explorando formas de promover la diversidad y la inclusión, al tiempo que previenen y abordan el comportamiento anormal en el lugar de trabajo.

Además, los investigadores están examinando el papel de la cultura y el liderazgo en el lugar de trabajo en la configuración del comportamiento de los empleados. Una cultura positiva en el lugar de trabajo que valore el respeto, la empatía y la comunicación abierta puede ser de gran ayuda para prevenir comportamientos anormales. Del mismo modo, un liderazgo eficaz que promueva un equilibrio saludable entre el trabajo y la vida privada y brinde apoyo a los empleados puede ayudar a prevenir y manejar comportamientos anormales.

Por último, hay un creciente interés en el papel del bienestar y la salud mental de los empleados en la prevención de comportamientos anormales. Las empresas están ofreciendo cada vez más programas de bienestar, recursos de salud mental y otro tipo de apoyo a los empleados para ayudarles a manejar el estrés, la ansiedad y otros problemas de salud mental. Los investigadores están explorando la eficacia de estos programas e intervenciones, y cómo se pueden adaptar a diferentes tipos de empleados y lugares de trabajo.

En general, hay un creciente reconocimiento de la importancia de abordar el comportamiento anormal en el lugar de trabajo, y un enfoque cada vez mayor en la investigación y la innovación en esta área. Al mantenerse al día sobre las últimas investigaciones y tendencias, los empleadores pueden desarrollar estrategias efectivas para prevenir y gestionar el comportamiento anormal y promover un entorno de trabajo saludable y positivo para todos los empleados.

Avances en el Tratamiento y la Prevención del Comportamiento Anormal en el Lugar de Trabajo

Los avances en el campo de la psicología y la neurociencia han mejorado en gran medida nuestra comprensión del comportamiento anormal en el lugar de trabajo, y han llevado a un progreso significativo en el desarrollo de tratamientos eficaces y estrategias de prevención. Estos son algunos de los principales avances:

Intervenciones basadas en la atención plena: Las intervenciones basadas en la atención plena han ganado popularidad en los últimos años como una forma efectiva de controlar y reducir los síntomas de ansiedad, depresión y estrés. Estas intervenciones se utilizan a menudo en el lugar de trabajo para ayudar a los empleados a hacer frente a las demandas de su trabajo y reducir el riesgo de desarrollar un comportamiento anormal.

Terapia cognitivo-conductual (TCC): La TCC es una forma de terapia que se centra en cambiar los patrones negativos de pensamiento y comportamiento. Se ha demostrado que es eficaz en el tratamiento de una variedad de trastornos de salud mental, incluyendo la ansiedad y la depresión. La TCC se utiliza a menudo en el lugar de trabajo para ayudar a los empleados a controlar el estrés y mejorar sus habilidades de afrontamiento.

Programas de Asistencia a los Empleados (EAP): Los EAP son programas en el lugar de trabajo que proporcionan asesoramiento confidencial, derivación y servicios de apoyo a los empleados y sus familias. Están diseñados para ayudar a los empleados a abordar los problemas personales y relacionados con el trabajo que pueden afectar su rendimiento y bienestar en el trabajo.

Terapia en línea: Los avances en la tecnología han hecho posible que los empleados accedan a los servicios de salud mental en línea, como a través de videoconferencias o aplicaciones móviles. Esto ha aumentado el acceso a la atención de salud mental para las personas que podrían no haber buscado tratamiento de otra manera debido a barreras como la distancia o el estigma.

Programas de bienestar en el lugar de trabajo: Muchos lugares de trabajo ahora ofrecen programas de bienestar que incluyen una gama de actividades y recursos para promover la salud física y mental. Estos programas pueden incluir clases de acondicionamiento físico, educación nutricional, talleres de gestión del estrés y servicios de asesoramiento.

Prevención e intervención temprana: hay un creciente reconocimiento de la importancia de la intervención temprana y la prevención en el manejo de los comportamientos anormales en el lugar de trabajo. Esto incluye programas de detección para identificar a las personas que pueden estar en riesgo, así como intervenciones proactivas para abordar los factores en el lugar de trabajo que pueden contribuir al estrés y al agotamiento.

Cambio organizacional: Existe una creciente comprensión de que el entorno de trabajo juega un papel importante en la configuración del bienestar y el rendimiento de los empleados. Como tal, se ha centrado cada vez más en las estrategias de cambio organizacional que tienen como objetivo crear una cultura laboral más solidaria e inclusiva.

En conclusión, los avances en la comprensión y el tratamiento del comportamiento anormal en el lugar de trabajo han mejorado en gran medida nuestra capacidad para identificar y gestionar los problemas de salud mental en el lugar de trabajo. Al implementar estrategias efectivas de prevención y tratamiento, los lugares de trabajo pueden crear un entorno de trabajo más saludable y productivo para todos los empleados.

El Panorama Cambiante de la Salud Mental en el Lugar de Trabajo

La importancia de la salud mental en el lugar de trabajo se ha reconocido cada vez más en los últimos años, ya que los estudios han demostrado el impacto negativo del estrés, el agotamiento y otros problemas de salud mental tanto en los empleados como en las organizaciones. El cambiante panorama de la salud mental en el lugar de trabajo implica un cambio de enfoques reactivos a los problemas de salud mental, a estrategias proactivas dirigidas a la prevención, la intervención temprana y la promoción de la salud mental y el bienestar.

Uno de los cambios clave en el panorama de la salud mental en el lugar de trabajo es el creciente reconocimiento de la importancia de la salud mental en la cultura organizacional. Las organizaciones están reconociendo cada vez más el papel que desempeñan en la creación de un entorno de trabajo que promueva la salud mental y el bienestar. Esto incluye abordar los factores estresantes en el lugar de trabajo, como la carga de trabajo, las demandas laborales y los conflictos interpersonales, y proporcionar apoyo a los empleados que pueden estar experimentando problemas de salud mental.

Otro desarrollo importante en la salud mental en el lugar de trabajo es el uso de la tecnología para ofrecer intervenciones y apoyo de salud mental. Esto incluye el uso de aplicaciones de terapia en línea y salud mental, que pueden proporcionar a los empleados un acceso conveniente y confidencial a los recursos de salud mental. La atención de salud mental virtual se ha vuelto más popular durante la pandemia de COVID-19, a medida que el trabajo a distancia se ha vuelto más frecuente, y los profesionales de la salud mental se han estado adaptando para brindar atención a través de videoconferencias y telesalud.

Además de los avances tecnológicos, ha habido un cambio hacia enfoques más integrados de la salud mental en el lugar de trabajo. Esto implica reunir varias disciplinas, como la psicología, la medicina y la salud ocupacional, para abordar los problemas de salud mental de una manera holística. Los enfoques integrados también implican trabajar con otras partes interesadas, como los programas de asistencia a los empleados, los sindicatos y los proveedores de seguros, para proporcionar un sistema de apoyo integral a los empleados.

Por último, se ha centrado cada vez más en las estrategias de prevención e intervención temprana en la salud mental en el lugar de trabajo. Esto incluye iniciativas destinadas a promover la salud mental y el bienestar, como los programas de bienestar en el lugar de trabajo, así como los programas destinados a prevenir los problemas de salud mental, como la capacitación en el manejo del estrés y la creación de resiliencia.

En general, el cambiante panorama de la salud mental en el lugar de trabajo implica un cambio hacia enfoques más proactivos e integrados de los problemas de salud mental, destinados a promover la salud mental y el bienestar, y a prevenir y abordar los problemas de salud mental de una manera holística. Esto representa una tendencia positiva hacia un entorno de trabajo más favorable y saludable para los empleados.

CONCLUSIÓN

En conclusión, el campo del comportamiento anormal en el lugar de trabajo es un área de estudio compleja y multifacética que ha ganado cada vez más atención en los últimos años. La prevalencia y el impacto del comportamiento anormal en el lugar de trabajo son significativos, lo que afecta a la salud y el bienestar de los empleados, la productividad y la cultura del lugar de trabajo. Las perspectivas teóricas e históricas sobre el comportamiento anormal en el lugar de trabajo han informado nuestra comprensión de los diversos tipos de comportamiento anormal, incluidos los trastornos psicológicos y de personalidad, la agresión y la violencia en el lugar de trabajo, la adicción al trabajo y el agotamiento, el trauma y el trastorno de estrés postraumático relacionados con el trabajo, el acoso y el acoso en el lugar de

La evaluación y el diagnóstico del comportamiento anormal en el lugar de trabajo requieren un enfoque integral, que incluye entrevistas clínicas, pruebas psicológicas, neuroimagen y evaluación ambiental. Los efectos del comportamiento anormal en el lugar de trabajo tienen implicaciones de gran alcance para las personas, las organizaciones y la sociedad en su conjunto, destacando la importancia de una intervención temprana y estrategias efectivas de tratamiento y gestión.
Las opciones de tratamiento y gestión incluyen psicoterapia, medicación, adaptaciones en el lugar de trabajo e intervenciones de apoyo, resolución y mediación de conflictos, y prevención de la violencia en el lugar de trabajo y gestión de crisis. Las estrategias de prevención e intervención, incluidos los

programas de bienestar en el lugar de trabajo y los programas de asistencia a los empleados, las intervenciones a nivel organizacional y de sistema, y la creación de resiliencia y la promoción del bienestar, son fundamentales para promover entornos de trabajo saludables.

La investigación emergente en el campo del comportamiento anormal en el lugar de trabajo está arrojando luz sobre enfoques nuevos e innovadores para comprender y abordar los problemas de salud mental en el lugar de trabajo. Los avances en el tratamiento y la prevención, junto con el panorama cambiante de la salud mental en el lugar de trabajo, ofrecen esperanza para mejorar el bienestar de los empleados y crear lugares de trabajo más saludables y productivos para todos.

A medida que el campo continúa evolucionando y expandiéndose, es crucial ser consciente de las implicaciones legales y éticas del comportamiento anormal en el lugar de trabajo, y trabajar para crear una cultura de compasión, comprensión y apoyo para todos los empleados. La introducción al comportamiento anormal en el lugar de trabajo es un recurso valioso para los investigadores, los profesionales y cualquier persona interesada en mejorar la salud mental en el lugar de trabajo y promover entornos de trabajo positivos.

SOBRE EL AUTOR

Raul Dominguez es el autor de "Manejo de Comportamientos Anormales en el Lugar de Trabajo", una guía completa que ofrece soluciones prácticas para abordar los desafíos de salud mental. Basándose en su experiencia y conocimientos, Raúl proporciona información clara y procesable para manejar una gama de comportamientos anormales, desde ansiedad y depresión hasta condiciones más graves. Raúl Domínguez es miembro de la Sociedad de Psicología Industrial y Organizacional y de la Asociación Americana de Psicología. A lo largo de su carrera, Raúl ha sido un apasionado defensor de la salud mental y el bienestar en el lugar de trabajo. Él cree que las organizaciones tienen la responsabilidad de apoyar el bienestar mental y emocional de sus empleados y que hacerlo puede tener un impacto positivo tanto en los empleados como en los resultados finales.

www.ingramcontent.com/pod-product-compliance
Lightning Source LLC
Chambersburg PA
CBHW051100250726

48656CB00001B/393